DIREÇÃO ESPIRITUAL E ACONSELHAMENTO PASTORAL

DOM CÍCERO ALVES DE FRANÇA

DIREÇÃO ESPIRITUAL E ACONSELHAMENTO PASTORAL

Edição revista e atualizada

EDITORA
SANTUÁRIO

Dados Internacionais de Catalogação na Publicação (CIP) de acordo com ISBD

F814d França, Cícero Alves de

Direção espiritual e aconselhamento pastoral / Cícero Alves de França. - Aparecida : Editora Santuário, 2021.
136 p. ; 14cm x21cm.

ISBN: 978-65-5527-148-5

1. Religião. 2. Cristianismo. 3. Direção espiritual. 4. Aconselhamento pastoral. I. Título.

2021-3699 CDD 240
CDU 24

Elaborado por Vagner Rodolfo da Silva - CRB-8/9410

Índice para catálogo sistemático:
1. Religião : Cristianismo 240
2. Religião : Cristianismo 24

3ª impressão

Rua Pe. Claro Monteiro, 342 – 12570-045 – Aparecida-SP
Tel.: 12 3104-2000 – Televendas: 0800 0 16 00 04
www.editorasantuario.com.br
vendas@editorasantuario.com.br

SUMÁRIO

Prefácio 7
Introdução 11

1. Panorama geral da Direção Espiritual 15
2. A natureza e a finalidade da direção espiritual: o que é? Para que serve? 31
3. Chamados à Santidade 47
4. Expoentes históricos da direção espiritual 61
5. Pedagogia da Direção Espiritual 75
6. O Diretor Espiritual 83
7. Aconselhamento Pastoral 93
8. *Counseling* 107
9. A arte de ajudar 115
10. A orientação que damos às pessoas 123

Considerações finais 127
Referências bibliográficas 129

PREFÁCIO

O homem é uma criatura "teoversa", pois está voltado para Deus assim como as árvores se orientam para a luz e o rio para o mar... Santo Agostinho diria: "Fizeste-nos para ti, Senhor, e inquieto está nosso coração enquanto não repousa novamente em ti". Qual é a contribuição da fé cristã para o mundo secularizado em que vivemos? Quais respostas temos para a busca incessante do homem por caminhos que o auxiliem a viver?

A reflexão teológica nos leva a olhar para nossa existência a partir da fé, discernindo e buscando respostas para os rumos a serem seguidos na prática do dia a dia e na realização de nossa vocação e identidade. O itinerário mais maravilhoso e desafiador que o ser humano pode percorrer é o do caminho espiritual. Como compreender esse caminho? Quem nos guiará nos caminhos do Espírito?

Esses questionamentos nos levam a práticas quase esquecidas, ou até suprimidas do cotidiano, mas que, no contexto pós-moderno, voltam com força. Trata-se da direção espiritual e do aconselhamento pastoral. A direção espiritual é um serviço prestado ao povo de Deus em sua busca laboriosa de itinerários para a vida cristã, no esforço de libertação interior e no discernimento sobre as decisões a tomar diante de tantos obstáculos que se apresentam.

O homem é um ser em processo de amadurecimento e crescimento, e as fragilidades fazem parte de sua natureza. Cabe-lhe encontrar progressivamente as atitudes e os gestos concretos para constituir os objetivos de sua existência. A direção espiritual está orientada para a realização de nossa felicidade e nossa satisfação no caminho da fé. Ele é uma ajuda na busca da sabedoria da vida, uma bússola a indicar o caminho, rumo à santidade.

Por sua vez, o serviço eclesial do aconselhamento pastoral é um método de ajuda às pessoas em seu crescimento e em sua experiência de cura nas situações de dor, fracasso, limites humanos e de superação das crises e dos bloqueios. O pressuposto desse serviço é a acolhida para a indicação de caminhos e a orientação dos passos concretos da vida cristã. O aconselhamento tem por objetivo fazer um caminho de amadurecimento e firmeza nos propósitos da vida cristã, tendo em conta a situação concreta de cada pessoa. Direção espiritual e aconselhamento pastoral são serviços de evangelização que se complementam e não podem ser entendidos fora desse enfoque. De fato, não se trata de terapia ou psicoterapia pastoral.

A partir dessa perspectiva, este livro do |Dom Cícero Alves de França pode servir como manual para a capacitação de presbíteros, diáconos, religiosos e leigos para o exercício de seus ministérios oferecendo os instrumentos teóricos e práticos aqui desenvolvidos. Ao mesmo tempo, este precioso estudo ajuda a descobrir a importância desses serviços como itinerários para o cultivo da vida espiritual, e cada cristão poderá encontrar nele uma sabedoria espiritual que ensina a conduzir a vida rumo à santidade.

Esta obra oferece um material para a integração entre a direção espiritual e o aconselhamento pastoral. Cada capítulo segue uma pedagogia que leva o leitor a sentir-se envolvido nesses serviços voltados ao cultivo da comunhão com Deus. Usando uma metodologia simples e objetiva, o livro levará o diretor espiritual ou o aconselhador a orientar as pessoas que o procuram para seguir seus caminhos e suas etapas. Não há quem não necessite de diretor espiritual ou de um aconselhador: todos temos momentos em que, sozinhos, não sabemos como caminhar; todos precisamos de ajuda e quanto mais levarmos a sério nossa vida espiritual mais necessitaremos de bons guias.

Que este livro possa suscitar interesse e ajudar quem tem o desejo de viver pautado pelo Espírito Santo e ajudar os outros a viverem segundo essa mesma ótica. Assim, sugiro, caro leitor, que esta obra seja lida com o profundo anseio de aprofundar seus conhecimentos acerca desses temas e que sua espiritualidade seja enriquecida, tornando-o capaz de oferecer ajuda e orientações espirituais, fundamentadas na doutrina e na experiência de fé.

São Paulo, 6 de agosto de 2021
Festa da Transfiguração do Senhor

Cardeal Odilo Pedro Scherer
Arcebispo de São Paulo

INTRODUÇÃO

Orientar as pessoas espiritual e pastoralmente é uma arte difícil, que envolve conhecimentos e habilidades, seja em relação ao ser humano e sua experiência espiritual, seja em relação à missão e à própria ação da Igreja no mundo, ou seja, evangelizar. A integração psicoespiritual, o discernimento de situações problemáticas de ordem pessoal, vocacional, comunitária, e, consequentemente, a indicação de caminho são as tarefas próprias da missão dos ministros ordenados e das comunidades eclesiais. É uma prática profundamente humana e espiritual, principalmente quando analisamos o ser humano que está, na maioria do tempo, preocupado em escutar a opinião de "alguém" sobre os mais diversos assuntos. E, dentro dessa preocupação, encontramos indagações sobre o sentido da vida, a existência de um mundo espiritual e como viver a vontade de Deus.

O aconselhamento pastoral, por sua vez, é um método que ajuda as pessoas em seu crescimento e, ao mesmo tempo, ajuda-lhes também a experimentar a cura naquelas realidades que estão quebradas. O aconselhamento pastoral é, portanto, uma função reparadora: ajudando a pessoa a lidar com suas crises ou com seus bloqueios. Nesse sentido, ele, geralmente, acontece em prazos curtos, em tempos de graves crises ou situações emergenciais.

Assim, direção espiritual e aconselhamento pastoral têm o papel de indicar os caminhos e orientar os cristãos. Um caminho que implica maturidade, firmeza no conhecimento da Sagrada Escritura, apropriação da fé como elemento fundamental na experiência da direção espiritual, vivência comunitária e a educação da consciência. Ao descobrir a importância deste itinerário espiritual, cada cristão encontrará a graça que se encerra nestes serviços.

Vale ressaltar que, metodologicamente, fizemos uma escolha ao usar o termo "direção espiritual" como parte do título deste livro, mesmo sabendo das implicações que este assume nos dias atuais. O termo é utilizado até os tempos hodiernos pela Igreja, isso porque a direção espiritual sempre teve como finalidade destacar a união do homem com Deus. Assim, mesmo que haja diferentes denominações desta prática, sua nomenclatura não altera sua finalidade.

Para tanto, o presente livro foi organizado em dois blocos ou duas grandes dimensões: direção espiritual e aconselhamento pastoral. E tem como objetivo preparar presbíteros, diáconos, seminaristas, religiosos e religiosas, leigos e leigas para o exercício responsável e, ao mesmo tempo, eficiente da direção espiritual e do aconselhamento pastoral mediante a aquisição de instrumentos teóricos e práticos. Deste objetivo, podemos tirar outros três objetivos específicos que nos ajudarão na delimitação daquilo que nós propomos com este livro, ou seja, estudar a forma qualitativa e, ao mesmo tempo, eficiente da direção espiritual e do aconselhamento pastoral.

Pretende este livro: ajudar a capacitar um pouco mais as diversas pessoas que, por meio do trabalho apostólico, encontram-se em ocasião de exercer um ministério de auxílio em relação aos outros. Estas pessoas podem ser os sacerdotes, religiosos, as religiosas, educadores, leigos e leigas que anseiam por guiar e acompanhar as pessoas espiritualmente; por conseguinte, estimular a aquisição de habilidades específicas do diretor espiritual e do aconselhamento pastoral, tais como: capacidade de acolher, escutar, discernir e orientar, mas, e de maneira muito particular, a capacidade de empatia para com as pessoas; em terceiro lugar: estimular o interesse pela análise fenomenológica das condições da vida humana, sobretudo no que tange a religião, a psicologia, a espiritualidade e a cultura.

A leitura e o estudo dos temas propostos neste livro não serão bastantes para "formar" um diretor espiritual e um conselheiro. Afinal, como veremos, para isso algumas qualidades são necessárias. Ainda que em grau mínimo, elas não são adquiridas sem estudo, mas são "inatas", como, por exemplo, a capacidade de empatia. Depois, não seria este livro suficiente para moldar um diretor espiritual, porque em si mesmos esses temas não seriam suficientes para uma formação qualificada. Por fim, é necessária uma experiência prática de ajuda espiritual para com o outro, experiência que, para ter efeito formador, deve ser também longa, gradual, ou seja, crescente.

Muitas pessoas talvez já desempenhem a função de diretores espirituais ou aconselhadores compelidos por uma espécie de "vocação interna". Porém necessitam aumentá-la com maior formação, e, para tal, a reflexão sobre os temas contidos neste livro pode ajudar. Em outras palavras, é necessário um conhecimento mínimo do que se deve entender por direção espiritual, diretor, dirigido, acompanhamento pastoral, ajuda; quais são os espaços de atuação desses, suas possibilidades, seus objetivos e suas metas. Assim, é necessário o mínimo de conhecimento do ser humano, das "ciências do homem" em diversas áreas para aprender a assumir e respeitar o ser humano tal como ele é.

Por isso os capítulos e as seções principais serão os seguintes:

1. Panorama geral da direção espiritual
2. A natureza e a finalidade da direção espiritual: O que é? Para que serve?
3. Chamados à santidade
4. Expoentes históricos da direção espiritual
5. Pedagogia da direção espiritual
6. O diretor espiritual
7. Aconselhamento pastoral
8. *Counseling*
9. A arte de ajudar
10. A orientação que damos às pessoas

Os diferentes capítulos e seções serão de diferentes tamanhos e extensões, haja visto que uns abrangem técnicas e métodos detalhados mais que outros, ocupando mais espaço. Isso não significa que os outros temas tenham pouca importância, pois estão todos intima e unitariamente relacionados.

Temos consciência de que muito se escreveu sobre este tema nos níveis científicos muito elevados, tanto no estritamente espiritual como no referente aos métodos de relacionamento interpessoal. Desta forma, reiteramos que a pretensão deste livro é facilitar a total compreensão dos assuntos de modo harmônico e coerente. Pode ser que, ao longo do texto, aconteça muitas repetições de ideias e de conceitos. Assim será, pois dada a finalidade deste livro, tais repetições serão necessárias no apoio pedagógico e na fixação do conteúdo.

1

PANORAMA GERAL DA DIREÇÃO ESPIRITUAL

A direção espiritual tem uma relação muito próxima com Espírito, por isso, desde logo, é importante tomarmos consciência de que direção espiritual é colocar a vida sob a égide ou sob a luz do Espírito. Precisamos, em primeiro lugar, ter uma visão geral da direção espiritual, ou seja, traçar um panorama que nos permitirá contextualizá-la e perceber em que terreno estamos pisando.

A direção espiritual é, ainda, um conceito muito complexo, dado que a espiritualidade é igualmente um conceito complexo e direção espiritual não pode ser entendida fora do legame da espiritualidade. De maneira histórica, sustentam esta teoria por causa da separação entre espiritualidade e teologia, isto é, do divórcio corroborado pelas duas partes, tanto pela teologia quanto pela espiritualidade. Entretanto direção espiritual tem teologia e sua fundamentação é teológica[1]. Assim, a primeira coisa de temos de vencer é o preconceito da direção espiritual como sendo uma prática ligada única e exclusivamente a dimensões subjetivas, por isso mesmo, sentimentais.

Neste esteio, a direção espiritual, dentro do campo científico, isto é, teológico, faz parte da psicologia pastoral, em muitos lugares chamada de psicologia religiosa ou psicologia da religião e da teologia da espiritualidade. Assim, esse primeiro assento é de suma importância: a direção espiritual é uma prática pastoral. Dessa forma, colocamo-nos diante de uma responsabilidade cada vez maior, ou seja, exatamente conseguir unir essas duas realidades: o que diz respeito ao humano-espiritual e àquilo que diz respeito à ação evangelizadora da Igreja. A formação para direção espiritual ocorre de maneira séria porque ela é um carisma dado à Igreja.

É uma forma de acompanhamento pastoral, é importante que não nos esqueçamos de que a pastoral é ação da Igreja no mundo. Isto é, a pastoral tem como finalidade atingir o homem, mas o homem em referência a Deus[2]. Por isso é importante acompanhar esse homem no processo de maturação espiritual e humana[3]; a direção espiritual é um carisma que pede a nós uma formação séria e, ao mesmo tempo, profunda.

O título deste livro "Direção espiritual e aconselhamento pastoral" pode ser considerado um pleonasmo,

[1] SANTOS, Manuel Augusto dos Santos. *Curso sobre direção espiritual. Elementos para aconselhamento pastoral e acompanhamento espiritual.* São Paulo: Cultor de livros, 2019, p. 24.

[2] GERA, Lucio. *La religione Del popolo. Chiesa, teologia e liberazione in America Latina.* Bologna: EDB, 2006, p. 7.

[3] SANTOS, 2019, p. 21.

pois direção espiritual e aconselhamento pastoral, ao mesmo tempo em que divergem, estão intimamente unidos. Pode ser um pleonasmo porque direção espiritual e aconselhamento pastoral fazem parte do chamado acompanhamento pastoral: é a forma do padre, da comunidade eclesial, dos irmãos se ajudarem e acompanharem[4]. É um acompanhamento pessoal e é um acompanhamento que nos pede, antes de tudo, que prestemos atenção ao dado histórico, cultural, espiritual e eclesial de cada pessoa. Cada um de nós pertencemos a realidades diferentes, experimentamos dados histórico-culturais e religiosos que são diferentes. Por isso cabe a nós abrirmo-nos à ação do Espírito que nos fará conhecer a verdade das coisas.

A direção espiritual é uma forma de acompanhamento pastoral que se expressa na ajuda que a comunidade eclesial dá a uma pessoa que busca fazer a vontade de Deus em sua vida ou viver a vontade de Deus em sua vida[5].

Antes de tudo, a direção espiritual está baseada na experiência, sendo este o conceito chave da teologia da espiritualidade, pois nos coloca diante daquilo que é mais essencial. Digamos que é o conceito mais eloquente para fundamentar espiritualidade, em outras palavras, a experiência espiritual é o conhecimento direto que a pessoa tem de Deus[6]. A experiência espiritual é o "chão" necessário para se fazer direção espiritual, pois, ela é uma experiência de Deus, ou seja, experiência espiritual é uma experiência da fé em Deus. Sem este primeiro pressuposto, não podemos falar de

---

[4] SANTOS, Manuel Augusto dos Santos. *Curso sobre direção espiritual. Elementos para aconselhamento pastoral e acompanhamento espiritual.* São Paulo: Cultor de livros, 2019, p. 29.

[5] Ibid, p. 28.

[6] Ibid, p. 22.

direção espiritual como processo que ajuda a pessoa em seu caminho de maturidade humana e espiritual.

1.1. As crises presentes na direção espiritual

Procuremos olhar a situação da direção espiritual que, antes de tudo, é uma situação de crise. Não podemos pensar a palavra "crise" somente em sentido negativo, pois esta traz consigo uma abertura para o crescimento e transformação da pessoa. Nesse sentido, a crise não é uma negação, mas um convite a uma revisão de vida.

Assim, a direção espiritual passa por esse processo de crise, sendo seu primeiro elemento a crise da "paternidade", que podemos observar seu surgimento a partir do ano de 1968, do axioma uma "sociedade sem pai". Se há uma crise de paternidade, consequentemente existirá uma crise da paternidade espiritual, pois há uma crise no gerar, no fecundar. Mais adiante veremos o horizonte histórico da direção espiritual, passearemos pelo monaquismo e é lá, exatamente, que perceberemos de maneira tão forte a presença da paternidade e, consequentemente, da maternidade espiritual.

É crise da "paternidade espiritual" porque hoje existe uma dificuldade ou por falta de preparo, ou falta de tempo, dos presbíteros e, consequentemente, da comunidade eclesial, no acompanhamento daqueles que querem encontrar ou viver em conformidade com a vontade de Deus. As pessoas não encontram, neste mundo em que estamos vivendo, diretores espirituais preparados ou com boa vontade, e talvez esteja aí o ponto nevrálgico da crise em torno da direção espiritual.

Além disso, é de suma importância que percebamos que a crise em torno da direção espiritual está ainda relacionada a um aspecto que mexe muito com os dias atuais: a busca ou a vivência de uma espiritualidade desvinculada do ato de integrar, uma espiritualidade sem credo, sem manifestação de uma profissão de fé, e, por conseguinte, uma espiritualidade sem comunidade eclesial e, como resultado disso, uma espiritualidade desprovida da paternidade.

A crise da direção espiritual não é a sua negação, sua contestação. Porém, hoje, mais do que nunca, a direção espiritual é questionada por outros modos e meios que são desenvolvidos atualmente, como a terapia e formas diversas de meditação, recolhimento, silêncio etc.

Ao mesmo tempo que identificamos esta crise de uma sociedade que nega o pai, percebemos também que a espiritualidade subjacente no tempo atual é cada vez mais presente, pois como diz Jean Vernette[7]: "o século XXI será o século da espiritualidade ou não será". Não uma espiritualidade cristã ou espiritualidade religiosa, mas um tempo de busca por realidades e conhecimentos interiores. Vivemos um tempo em que as pessoas buscam cada vez mais estar em paz consigo mesmas e, por esse motivo, aderem a tantos outros mestres. A pergunta aqui a fazer é: nós, como comunidade eclesial cristã, onde é que estamos nesse cenário, se me permitem dizer, mercadológico da espiritualidade? Como nós acompanhamos aqueles que batizamos? Qual é o acompanhamento de pai e mãe que a comunidade eclesial dá? Precisamos pensar a comunidade eclesial como conjunto: padres, seminaristas, diáconos, religiosos, religiosas, leigos e leigas, pois, direção faço com a Igreja, com a comunidade eclesial. Por isso mesmo é impor-

[7] VERNETTE, Jean. *Il XXI secolo o sara místico o non sara*. Roma: OCD, 2005, p. 5.

tante nos perguntarmos: qual é a qualidade do serviço que nós precisamos hoje? Qual é a qualidade de nosso acompanhamento? Qual é a qualidade de nossa direção espiritual? Muito mais do que isso, conseguimos ler a realidade fenomenológica da vida humana? Conseguimos captar qual é o sentido que as pessoas buscam hoje para suas vidas?

Em vista disso, partimos de um contexto para falar da direção espiritual: um contexto de crise, um contexto em que a direção espiritual está quase camuflada em terapia. Ora, direção espiritual não é terapia e terapia não é direção espiritual.

A direção espiritual e a psicologia podem ter a mesma raiz etimológica, podem ser filhas da mesma raiz etimológica da palavra espiritualidade, mas cada uma mantém sua individualidade. A espiritualidade dialoga muito bem com antropologia, e a antropologia pode dialogar muito bem com a espiritualidade; ambas se debruçam sobre uma pessoa concreta e historicamente situada, ou seja, por trás de toda direção espiritual e terapia, teremos sempre uma antropologia.

Outro elemento causador da crise em torno da direção espiritual diz respeito a um certo abandono dela e, ao mesmo tempo, uma certa ascensão da terapia. Quero que fique claro que em hipótese alguma queremos dizer que a terapia não seja boa ou até que seja ruim, mas o que dizemos, aqui é que, no âmbito da vida espiritual, o acompanhamento precisa ser psicoespiritual, não somente psíquico, mas em unidade com aquilo que é espiritual.

Por não vermos que a direção espiritual faz parte da pastoral, e isso porque não existe pastoral sem pessoa humana, logo essa pessoa também precisa ser acompanhada. É daí que deriva que as pessoas que não encontram diretores espirituais buscam, muitas vezes, a terapia ou outras formas de acompanhamento. Então, o que não encontro em um espaço, busco no outro, busco outra maneira de viver minha experiência e vivê-la de maneira profunda. Logo, é necessário exatamente que, ao nos colocarmos diante da direção espiritual, façamos estas perguntas supracitadas.

A crise da direção espiritual está ainda muito relacionada ao despreparo dos diretores espirituais. Como acompanhar espiritualmente? A partir dessa crise, surgem inquietações, como: meu diretor espiritual fala demais e eu não falo nada, ou meu diretor espiritual não fala nada, não sei o que ele pensa, ou, ainda, minha direção espiritual é levada somente para o campo da oração e o Espírito Santo proverá tudo, ou a minha direção espiritual leva tudo para o campo da psicologia, da antropologia da sociologia e o humano resolve tudo. Então, há experiências de extremismos na prática da direção espiritual, fazendo com que a direção espiritual, ao mesmo tempo que vemos seu renascimento, topamos com um despreparo cada vez maior da parte daqueles que são os diretores espirituais.

Direção espiritual é ter a coragem de se colocar diante de si e diante de Deus. A direção espiritual lida com a vontade: minha vontade de me deixar ser educado à luz de Deus, pois, quando falamos de direção espiritual, nós estamos falando de um caminho pedagógico cristão. Assim, a direção espiritual é um meio educativo para a vivência cristã e fraterna. A experiência da fé é de suma importância na direção espiritual. Contudo, é necessário que o ato de crer esteja sustentado por um tripé: a psicologia pastoral, a teologia pastoral e a espiritualidade.

Muitos hoje questionam o próprio termo direção espiritual, afirmando também que é esta uma das causas da crise em torno da direção espiritual, optando por tantos outros nomes, como: acompanhamento espiritual, orientação espiritual, discernimento espiritual. Ao mesmo tempo se questiona o termo diretor espiritual, optando por: guia espiritual, amigo espiritual, orientador espiritual. Contudo, a mudança do termo, tanto no que se refere à direção espiritual e ao diretor espiritual, não muda o sentido da direção espiritual, pois o verdadeiro diretor espiritual é o Espírito. Nós, conscientes destas questões, optamos por usar o termo por acreditar que sua mudança não altera o objetivo, e também, pelo fato de ser esse o termo utilizado pela Igreja. É importante destacar que direção espiritual não pode ser conotação de dirigir ou determinar a vida da outra pessoa.

O diretor, é um guia, um irmão mais velho, que acompanha a outra pessoa. Por isso, para que haja direção espiritual ou acompanhamento, ou orientação espiritual, como nós queiramos chamar, é necessário liberdade de ambas as partes, seja daquele que é acompanhado ou dirigido, seja daquele que é o acompanhador ou diretor espiritual.

Essa crise em torno da direção espiritual esta ligada ainda a aquilo que é a pessoa humana, pois a pergunta essencial a ser feita é: quem é o homem? Ou quem é essa pessoa que está em minha frente pedindo ajuda? Quando fazemos essas perguntas no singular, estou perguntando também a respeito de sua cultura, de sua espiritualidade, de sua sociedade. Que mundo essa pessoa experimenta? Que realidade de vida essa pessoa vive? Qual o sentido de sua vida? Em outras palavras, qual é o transcendente que ela experimenta? Quem é Deus para ela? Por isso que, ao perguntarmos sobre quem é a pessoa, perguntemos também: quem é seu Deus?

A direção espiritual ainda é motivada pela crise em torno da idolatria. Parafraseando Gustavo Gutierrez: "ídolo é tudo aquilo que tem pés de barro" (1990, p. 36-37). Vivemos uma espécie de culto de nós mesmos, do outro, do poder, da beleza, de tantos elementos que se tornam o nosso Deus. É então de suma importância que percebamos que a direção espiritual não tem tanta relevância porque somos talvez ainda muito idólatras, e esta idolatria é a idolatria de nós mesmos. Em uma linguagem psicológica poderíamos chamar essa idolatria de egocentrismo ou aquilo que o papa Francisco chama de "autorreferencialidade"[8]; essa faz parte da chamada pós-modernidade. Se recordamos bem, a modernidade inicia-se com o axioma de Descartes "penso, logo existo"[9]. Na pós-modernidade, não tanto pensamos, logo existimos, mas "sinto, logo existo". É nesse "sentir" que nos deparamos de maneira narcísica com um amor devotado a nós mesmos, não permitindo que o homem possa se confrontar.

Outro elemento, não menos importante para a crise em torno da direção espiritual, diz respeito ao eclipse da consciência. Hoje, parece que vivemos um hiato da consciência. A psicologia define consciência como "eu", mas quando nós falamos de consciência no âmbito da moral, falamos de um espaço onde o homem pode escutar Deus, onde o homem pode falar com Deus e onde ressoa a voz de Deus. Como define o catecismo

[8] FRANCISCO, Papa. Carta apostólica às pessoas consagradas: para a proclamação do ano da vida consagrada. São Paulo: Paulus, 2014, n. 24.

[9] DESCARTES, Rene. *Discurso do método.* Trad.: Ciro Miozana. São Paulo, Escala, 2004, p. 25.

da Igreja (n°1776), a consciência é "espaço secreto e ao mesmo tempo sagrado" (GS, n. 16) onde Deus e o homem entram.

Então, aquilo que definimos antes como experiência espiritual acontece na consciência. Claro que a experiência espiritual envolve a pessoa em seu todo, ela é despertada na consciência. Se nós temos uma consciência vivida em uma dimensão de eclipse ou uma consciência atormentada, ou ainda uma consciência lenta, que nunca acorda, que vive sempre na penumbra da noite, e aonde nunca chegam os raios do sol, temos aí uma grande dificuldade de confrontar, isto é, de nos colocar diante de nós mesmos.

Na consciência moral, o elemento que a norteia é o decálogo. Assim, a experiência que o homem faz de Deus: de amá-lo, obedecer às suas leis têm, duas dimensões unidas, não são divorciadas. Só faz sentido exatamente obedecer às leis, quem faz experiência do amor de Deus, só assim sua consciência vive em conformidade com a vontade de Deus. Contudo, quando silencio a voz de Deus em minha consciência, acabo silenciando a mim mesmo, pois como diz Martin Buber: "quando o homem foge de Deus, foge dele mesmo"[10], e assim fragilizando a direção espiritual, não encontrando lugar para que esta possa acontecer e se desenvolver, pois direção espiritual é, antes de tudo, confrontar a consciência.

Por que falar em crise em torno da direção espiritual? Se pudéssemos fazer uma espécie de pesquisa nas nossas paróquias, comunidades eclesiais, com os padres recém-ordenados, religiosos, religiosas e percebêssemos como está o acompanhamento pastoral? A que se

[10] BUBBER, Martin. *O caminho do Homem. Segundo Ensinamento Chassídico*. São Paulo: É realizações, 2011, p. 22.

restringe o acompanhamento pastoral? Ora, quando falamos em crise da direção espiritual, falamos também de uma crise entorno de dois sacramentos: penitência ou confissão e unção dos enfermos.

No ano de 2011, a Congregação para o Clero editou um documento chamado "O sacerdote ministro da misericórdia divina" no qual recorda que a confissão e a direção espiritual têm uma forte ligação. Quer dizer: se existe uma crise ao redor da direção espiritual, existe uma crise em torno do sacramento da confissão e, consequentemente, em torno daquilo que é pecado, pois aí encontramos o eclipse de nossa consciência. Obviamente que a direção espiritual não é um sacramento, mas, por não ser um sacramento, não é menos importante na ação pastoral, pois a direção espiritual auxilia na celebração do sacramento da penitência, seja antes ou depois.

A partir disso, podemos falar em uma outra crise: fazer da direção espiritual uma celebração do sacramento da penitência. O que corrobora com isso talvez seja o fato de que alguns diretores espirituais são acometidos de uma espécie de arrogância espiritual e psicológica, ou ainda pensarmos que há alguns diretores espirituais que participam da direção espiritual apenas por obrigação, a partir de uma lei que não pode ser jamais transcurada.

A crise em torno da direção espiritual diz respeito também ao fato de como anda nossa vida espiritual: a direção espiritual está em crise porque também a vida de oração está em crise e, consequentemente, a vida espiritual, e porque vivemos uma espécie de "esquizofrenia existencial" de achar ou de viver a vida espiritual em uma dimensão particular, em uma esfera da vida, geralmente dentro do espaço religioso. Enquanto não entendermos que vida espiritual é uma única vida, pois a vida espiritual é a vida guiada, plasmada pelo Espírito, que devemos viver plasmados, orientados pelo Espírito em todas as dimensões da vida e em todos os momentos da vida, nunca viveremos em direção a Deus. A vida referenciada a Deus coloca em destaque a oração. O Cardeal Tolentino Mendonça define oração como "mudança de atitude":

> A oração é uma conversão de atitude, porque a verdadeira oração cristã descentra-nos de nós mesmos – de nossas preocupações e afanos, de nossos desejos egóticos e poucos purificados – e orienta-nos para Deus, de modo que tudo o que passamos a desejar é a vontade de Deus, o dom de seu olhar, que, como dizia Santo Agostinho, é "mais íntimo a nós que nós mesmos".[11]

Ou seja, uma espécie de conversão, de mudança de atitude, a voltar-se para o Senhor. Só assim a oração passa a ser um elemento essencial na vida espiritual e, consequentemente, essencial para a direção espiritual.

A crise existente na vida espiritual está ligada a uma crise na vida humana, naquilo que nós somos, a partir do momento que a oração, que deveria ser vivida como base, torna-se apenas um subterfúgio.

No olhar cristão, poderíamos dizer que vivemos uma crise na vida comunitária, ou ainda uma crise da experiência de comunhão. Vivemos nos comportando como se existíssemos sozinhos, como se não precisássemos do outro. Essa crise desemboca exatamente em assumir uma vida pela qual se acredita que somos capazes de resolver tudo sozinhos.

A crise em torno da direção espiritual diz respeito, ainda, a nosso "travesseiro", pois no tempo atual temos

[11] MENDONÇA, José Tolentino. *O tesouro escondido. Para uma busca interior.* São Paulo: Paulinas, 2012, p. 72.

a certeza de que discernimento se faz com o travesseiro. Discernimento é – por que não dizer? – o objeto da direção e podemos defini-lo como uma "arte que nos ajuda a vencer as ilusões, que nos ajuda a tirar de nosso horizonte aquilo que não é verdadeiro"[12].

A crise em torno da direção espiritual diz respeito, ainda, aos vícios que cada vez mais assumimos em nossa vida, pois ela não é fuga. Essa crise é de confrontarmos a nós mesmos e nossa consciência. Tudo isso misturado e colocado junto é o contexto que nos faz estudar e nos qualificar para esse exercício pastoral tão importante.

Em resumo, direção espiritual é uma atividade pastoral. Sendo assim, faz parte da pastoral. Insisto: enquanto não concebermos a direção espiritual como um elemento pastoral, seu exercício ficará sempre aquém.

Ora, quando falamos da direção espiritual e automaticamente o contexto em que essa está inscrita, marcamos a relação do homem com Deus. Por isso é, antes de tudo, depararmo-nos com nossas duas ignorâncias: a ignorância de nós mesmos e a ignorância de Deus[13]. Ambas nos levam a um caminho de perdição. Na linguagem de Henri Nouwen, a ignorância nos leva a um caminho ascendente[14], isto é, um caminho de crescimento somente de nós mesmos. Reconhecendo ignorantes de nós mesmos e ignorantes de Deus, vamos em busca de um caminho que favorecerá o encontro consigo e o encontro com Deus. Por esse motivo que na direção espiritual poderemos ouvir nossas ignorâncias;

[12] RUPNIK, Marko Ivan. *O discernimento*. São Paulo: Paulinas, 2004, p. 14.

[13] Bernardo de Claraval: Sermão sobre o conhecimento e a ignorância. Disponível em: HTTP://agoraclassa.fltr.ucl.ac.be/concordances/bernard_ser_canti_46/texte.htm acesso 20-08-2020.

[14] NOUWEN, Henri. *O esvaziamento de Cristo*. São Paulo: Paulinas, 2008, p. 35.

deixar o mestre das ignorâncias falar. A direção espiritual, portanto, faz-nos uma pergunta essencial: Quem é o mestre que nós escutamos?

Direção espiritual é uma pedagogia do Espírito, pois é um convite a saber viver. É um meio eficaz que ajuda a viver bem nossa vida. Ainda nos dizeres de São Bernardo, no sermão outrora citado, pelo caminho pedagógico da vida, precisamos aprender a conhecer a nós mesmos. Contudo, o conhecimento de si necessita da verdadeira humildade. Marco Ivan Rupnik[15] define humildade como inclinar-se diante de Deus e do outro.

Por isso, se vivemos imersos e, se é verdade que o tempo em que vivemos é um tempo que inflama nosso ego, eis o grande motivo ou a grande razão da direção espiritual estar em crise, isso porque, com egos inflamados, não experimentamos a verdadeira humildade. Para São Bernardo de Claraval, a humildade é "virtude pela qual o homem conhece a si verdadeiramente"[16]; outra definição de humildade que nos ajudará nesse processo está no livro "A nuvem do não-saber"[17]: é saber quem eu sou de verdade. Eis aí mais um motivo para crise em torno da direção espiritual: O homem, no tempo atual, não busca a verdade sobre si mesmo.

Portanto, a direção espiritual, seguindo a linguagem de São Bernardo de Claraval[18], é um caminho que nós traçamos. Por isso, é um caminho processual que não se faz sozinho, mas um caminho onde sou levado a me descobrir em um caminho de união mística com Deus. A

---

[15] Marko Ivan. *Procuro meus irmãos. Lectio divina sobre José do Egito.* São Paulo: Paulinas, 2005, p. 64.

[16] Bernardo de Claraval: Sermão sobre o conhecimento e a ignorância. Disponível em:

[17] *A nuvem do Não-Saber.* São Paulo: Paulus, 2008, p. 183.

[18]Http://agoraclassa.fltr.ucl.ac.be/concordances/bernard_ser_canti_46/texte.htm acesso 20-8-2020.

direção espiritual é, portanto, o caminho de Emaús, e ele nos mostra como é bom deixar que Deus fale.

A direção espiritual, enfim, permite-nos refazer os caminhos de nossa história, não permitindo que nos afastemos da Cruz redentora e salvadora de Jesus, pois não é para longe dela que deve o cristão ir, mas é a seu encontro, assumindo-a e transformando-a, por meio do poder salvador de Jesus em sinal de libertação e de salvação para, afinal, assumirmos a vida com responsabilidade e, assumindo-a com responsabilidade, assumirmos-na com verdade.

2

A NATUREZA E A FINALIDADE DA DIREÇÃO ESPIRITUAL: O QUE É? PARA QUE SERVE?

No capítulo anterior, apresentávamos uma visão geral da direção espiritual e a olhávamos na perspectiva da crise, percebendo, portanto, que há uma deficiência no preparo e na própria doutrina da direção espiritual. Apresentamos alguns horizontes para nosso contexto de estudo sobre direção espiritual a partir do aspecto da crise, que não significa negação, mas, ao contrário, significa um profundo questionamento sobre a direção espiritual nos dias de hoje. Pretendemos assim versar sobre o tema, tentando conceituar a direção espiritual percebendo sua finalidade. Neste capítulo, proporemos a resposta, ou seja, o que a Igreja orienta a respeito da direção espiritual. Quando falamos de natureza da direção espiritual, estamos perguntando seus fundamentos, em outras palavras, nós perguntamos: o que é direção espiritual? Podemos defini-la?

Antes de definir direção espiritual, precisamos perceber algumas bases essenciais sobre as quais esse conceito está construído. Assim sendo, precisamos levar em consideração três bases fundamentais, que marcam e constituem toda a direção espiritual: a primeira é Deus, a segunda, o homem e a terceira, o mundo.

Ao falar dessa primeira base (Deus), as primeiras perguntas que devemos fazer são: Quem é Deus? Qual é o Deus que nós experimentamos? Qual é o Deus que nós cremos? Esse Deus que nós cremos, podemos conhecê-lo? Então, na base da direção espiritual está, antes de tudo, esse pilar constituído pela pergunta essencial "quem é Deus?"

A segunda base onde se constrói o conceito da direção espiritual é o homem. Quem é o homem? Qual é a transcendência que o homem experimenta? O que busca o homem na direção espiritual? Estas perguntas antropológicas não servem somente para a direção espiritual, mas servem também para a vivência dos Sacramentos. Servem para conhecer as pessoas que participam de nossas liturgias, as pessoas que vêm à Igreja para celebrar o sacramento da Penitência, as pessoas que a Igreja assiste através da Unção dos Enfermos. Diante disso devemos questionar: qual é a transcendência que essa pessoa experimenta?

Esses questionamentos antropológicos são fundamentais para podermos ter um alcance maior do que vem a ser direção espiritual. O Cardeal Ravasi em seu livro chamado "O que é o homem?"[1] inicia afirmando que "o homem é o destinatário do amor e da atenção de

[1] RAVASI, Gianfranco. Che cos'è l'uomo?. *Sentimenti e legami umani nella bibbia.* Milano: San Paolo, 2011, p. 5.

Deus"[2]. Por isso a pergunta pelo homem é essencial para chegarmos à terceira base, que é o mundo.

Diante do mundo, precisamos perguntar: de que mundo nós estamos falando? Qual é o mundo que nós vivemos? Quais complicações o mundo nos apresenta? Não dá para falar de direção espiritual dentro da teologia da espiritualidade sem levarmos em consideração essa tríade: Deus, homem e mundo. Exatamente porque a direção espiritual está relacionada ao homem e a Deus. Por isso mesmo, precisamos olhar de maneira ampla, com olhar atento para as realidades de Deus, do homem e do mundo.

Se a direção espiritual está relacionada ao homem e a Deus, logo está relacionada à Revelação cristã. Deus que se revela, Deus que se mostra, Deus que toca o tecido da humanidade, Deus que vem a nosso encontro. Assim podemos afirmar, no segundo momento da antropologia teológica, isto é, como diz Ladaria em seu livro "*Introdução à antropologia teológica*"[3]: um Adjetivo é colocado diante do conceito antropologia, que é o teológico. Colocar esse adjetivo diante do conceito antropologia é olhar o homem em sua relação com Deus Uno e Trino.

Estudar o homem é percebê-lo em sua relação com a Santíssima Trindade. Por isso a direção espiritual abarca o todo da relação do homem com Deus e aquilo também que, depois, venha fragilizar (ferir) esta relação. De maneira muito particular, dizemos que direção espiritual é, antes de tudo, um projeto existencial do ser humano. O projeto, seja ele comunitário ou pessoal,

---

[2] "A quest'uomo, destinatario diretto di tanto amore e di tanta elezione" (tradução nossa).

[3] LADARIA, Luis F. *Introdução à antropologia teológica*. São Paulo: Loyola, 1998, p. 14.

significa caminhar na verdade levando a sério a própria vida, a vontade de viver, a própria identidade[4]. Sendo assim, a direção espiritual parte sempre de um projeto de vida, um projeto existencial, afinal, uma vida sem projeto, é uma vida à deriva.

2.1. O que é direção espiritual?

Como afirma Rodrigues Miranda: "direção espiritual é uma ajuda que um cristão, isto é, um homem, dá a outro homem, que uma pessoa dá a outra pessoa"[5]. Vale aqui retornarmos ao tripé da direção espiritual, mais precisamente o segundo tripé (o homem). Não dá para fugir da antropologia quando falamos da direção espiritual, da ajuda que um homem dá a outro, baseada em uma relação interpessoal, em uma relação à pessoa, que podemos destacar, como diz ele, "relação humana de ajuda"[6].

Em primeiro lugar, direção espiritual é uma relação que comporta em si ajuda. Ajudar não é fazer pelo outro, ajudar é estar do lado. Se pudéssemos neste espaço, talvez, mesmo que exagerando, trazer um conceito bíblico que pudesse ser comparado, talvez mal comparado, ao conceito da "ajuda", seria do movimento da compaixão, isto é, de sofrer junto, caminhar junto.

Se, segundo Rodrigues Miranda, a direção espiritual é uma ajuda humana, essa ajuda se dá sempre em meio às fraquezas e em meio às realidades positivas

---

[4] ILARDUIA, Juan Mari. *Il progetto personale: ricerca di autenticità*. Bologna: EDB, 2003, p. 9.

[5] MIRANDA, Tomás Rodrigues. *A direção espiritual: pastoral do acompanhamento espiritual*. São Paulo: Paulus, 2009, p. 13.

[6] MIRANDA, Tomás Rodrigues. *A direção espiritual: pastoral do acompanhamento espiritual*. São Paulo: Paulus, 2009, p. 13.

da vida. Direção espiritual é, portanto, uma ajuda e um acompanhamento progressivo. Ao falar de direção espiritual, uma palavra é de suma importância: ajuda processual. É um processo, por isso talvez ao nos perguntar sobre quanto tempo deveríamos ficar com o diretor espiritual, a resposta deveria ser: se possível, durante toda a vida. Porque é um caminho processual, um caminho de autoconhecimento, que vai durar por toda a vida, ou seja, é um acompanhamento progressivo. Assim como a vida cristã, a direção espiritual precisa ser progressiva e não pode ser estática, sem movimento.

Sendo uma ajuda que um cristão dá a outro cristão, a direção espiritual é inserida na dimensão da Fé. Portanto é um discípulo de Cristo que ajuda um irmão que também crê em Jesus. É, em suma, uma ajuda que um cristão, suficientemente capacitado, dá a outro cristão, a fim de que este compreenda e assuma sua comunicação pessoal com Deus.

A direção espiritual deve nos levar a melhorar nossa relação com Deus e deve nos levar a entender melhor a maneira como nos comunicamos com o Senhor ou como estabelecemos uma relação profunda com Ele. A direção espiritual deve nos levar a melhorar ou a estabelecer um conhecimento direto de Deus, pois a finalidade para a qual ela existe é, exatamente, de ajudar o ser humano a responder sua vocação, isto é, responder afirmativamente a Deus. A direção espiritual tem como finalidade, ou uma de suas grandes finalidades, aumentar nossa relação comunicativa com Deus, permitindo-nos desenvolver e aprofundar essa resposta que damos a Ele, em que situação damos tal resposta e de que maneira a damos.

A direção espiritual é uma relação interpessoal, entre duas pessoas que se ajudam mutuamente a fim de atingir sua configuração a Cristo. Nesse sentido, existe o mistério de uma configuração e tal configuração é construída a partir de um processo que se dá através da direção espiritual. Há um porém: não basta colocarmos o termo Configuração se o instrumento que ajuda nesse processo (direção espiritual) é descuidado. Se a prática da direção espiritual não for efetiva, o processo de configuração não surtirá efeitos.

Por isso a direção espiritual não pode ser vista apenas como uma conversa de amigos, um bate-papo. Ela não é nem mesmo a transmissão de uma doutrina de matemática moralizante, também não é para solucionar problemas. Uma autêntica direção espiritual não passa aos outros a responsabilidade de sua vida.

Dizíamos lá atrás que direção espiritual é uma ajuda que um cristão oferece a outro cristão não buscando apenas solucionar problemas. Assim, o diretor espiritual não é o professor que ensina e nem mesmo é aquele que do alto de sua sabedoria e de sua experiência espiritual dá simples conselhos ao outro. Na direção espiritual ambos são atingidos: o diretor e o dirigido. Ambos, aliás, são discípulos daquele que é o verdadeiro mestre: Jesus Cristo. Assim, a direção espiritual, não sendo uma maneira de solucionar problemas, nem uma mera transmissão da doutrina ou de uma realidade moral, é, ao contrário, uma maneira de estimular o desenvolvimento das responsabilidades e ajudar a pessoa a assumir sua própria responsabilidade através de uma decisão autônoma do caminho de sua vida e assumi-la, sobretudo, diante de Deus.

Direção espiritual tem a ver com relacionamento do homem com Deus. Sendo assim, é um instrumento eficaz para ajudar a pessoa a se colocar diante de si mesma e diante de Deus. É ajudar a pessoa assumir seu relacionamento com Deus. Por isso uma boa direção espiritual levará sempre a cabo duas realidades que se expressam em uma única sentença: uma verdadeira integração do humano e do cristão.

A direção espiritual deve buscar ajudar as pessoas a serem inteiras humanamente e serem inteiras do ponto de vista cristão, deve ajudar as pessoas nesse processo de integração, fé e vida. Deve levar o homem a integrar-se como ser humano e como cristão.

Na direção espiritual, o verdadeiro diretor é o Espírito Santo, é Ele quem conduz e nos dá força para nos integrarmos como humanos e como cristãos. Nesse processo, o diretor espiritual é apenas um instrumento ou um canal, que encaminha e alimenta a vida de fé da pessoa. Por isso a direção espiritual deve levar a pessoa a abrir-se à ação do Espírito. Alguém profundamente fechado à ação do Espírito Santo encontrará dificuldade para fazer uma verdadeira direção espiritual.

A direção espiritual se coloca como uma indicação no caminho da vida cristã. Essa indicação não está, única e exclusivamente, circunscrita à indicação de coisas materiais, pois a direção espiritual não é uma escola de filosofia ou de matemática, não almeja promover a pessoa, ou dar-lhe suportes (ou instrumentais) para alcançar uma promoção humana, e – por que não dizer – uma promoção eclesiástica. Mas é buscar colocar a pessoa no caminho do Espírito, colocar a pessoa atenta àquilo que diz o Espírito.

A direção espiritual, por esse motivo, não é simplesmente um conjunto de técnicas que nos deixa mais fortes para lidar com as adversidades, seja de nossa vocação, seja da formação que já tivemos, seja da realidade eclesial em que estamos inseridos. Direção espiritual também não é uma espécie de "ouvidoria", na qual vamos fazer reclamações, falar aquilo que não temos coragem de dizer a nossos superiores ou àqueles com quem convivemos. Mas, ao contrário, deve ser o lugar onde abrimo-nos com docilidade ao Espírito.

Direção espiritual é uma ajuda que nos possibilita ver e viver a vida espiritual de maneira qualitativa. Nos permitindo trabalhar o que há de mais fraco e limitado em nossa vida espiritual, que é o elemento essencial, pois a vida espiritual nos coloca diante de um elemento de suma importância: viver a vida na presença de Deus. É preciso, pois, viver a vida a partir do relacionamento com Deus.

Quando falamos de direção espiritual nos deparamos com dois extremos que devem ser evitados: o primeiro é a crença de que a Direção Espiritual é somente técnica de entrevistas. O segundo extremo é crer que o Espírito Santo faz tudo, que basta rezar e tudo será solucionado. A direção espiritual não pode tender a nenhum desses extremos, mas deve procurar realizar a síntese entre os dois: se a direção espiritual escolher apenas uma dessas vias, estará, certamente, próxima do erro[7].

É necessário, pois, olhar a direção espiritual como uma tomada de decisão. Deve externar o desejo de assumir a responsabilidade sobre os rumos de nossa vida. É uma decisão de colocar a vida segundo o Espírito, para que possa se colocar diante dela com responsabilidade. A direção espiritual vai além de resolver problemas psíquicos ou mesmo problemas espirituais. Direção espiri-

[7] MIRANDA, Tomás Rodrigues. *A direção espiritual: pastoral do acompanhamento espiritual.* São Paulo: Paulus, 2009, p. 13.

tual está ligada à implementação do Reino de Deus, que é, em última análise, falar da vontade de Deus, desejar que ela aconteça e viver em conformidade com ela.

É de suma importância que antes de descobrirmos qual é a vontade de Deus para nossa vida, tenhamos atingido e trabalhado nossa maturidade espiritual cristã e humana. A imaturidade espiritual é reflexo de uma imaturidade humana. Se somos uma pessoa imatura, com certeza seremos um cristão altamente imaturo. E aí a pergunta que se deve fazer é: O que é maturidade? De maneira muito simples, "maturidade é um conceito sempre a construir"[8], isto é, um conceito que nos acompanha ao longo de toda a vida.

Maturidade diz respeito, antes de tudo, à capacidade de diante das adversidades, dos sofrimentos e das pressões, sofrer o mínimo possível, conseguir passar por esse turbilhão de coisas, não ficando preso, morto, diante disso. Assim, para que possamos aceitar e viver a partir da vontade de Deus, isto é, ter uma vida em conformidade com esta vontade, é preciso, antes de tudo, trabalhar, crescer no caminho de maturidade humana, cristã e espiritual.

Para falar de direção espiritual, é preciso ter conhecimento e saber qual é a base de nossa experiência de Deus, qual é o conhecimento direto que temos de Deus. Quem leva a sério, portanto, sua experiência espiritual, uma experiência do totalmente outro, Deus, uma experiência em profundidade, e não superficial, da presença de Deus em sua vida, terá como fundamento a direção espiritual. Por isso a direção espiritual se apoia na ex-

[8] DECAMINADA, Franco. *Maturità affettiva e psicosessuale nella scelta cocazionale: uma prospettiva psicológica*. Saronno: Monti, 1995, p. 73.

periência[9], ou seja, um conhecimento profundo e forte de Deus. Como dizia Santa Teresa de Jesus: "eu não direi nada sem antes ter Te experimentado outras vezes" (*Cuentas de conciencia*, n. 56).

2.2. Qual a importância da direção espiritual hoje? Como percebê-la?

O Concílio Vaticano II não tem nenhuma doutrina, nenhum tratado sobre a direção espiritual. Diríamos que é complexa a questão da direção espiritual no Concílio, porém em alguns documentos encontraremos referências diretas à direção espiritual. Ao mesmo tempo, temos de olhar o Concílio de maneira histórica, uma vez que acontecera no período em que a Psicologia começava a se "popularizar".

De maneira muito mais concreta, para falarmos da importância da direção espiritual, isto é – desta ajuda que um cristão dá a outro cristão, por meio de uma relação interpessoal, que tem por finalidade ajudar a pessoa no processo de maturidade humana, cristã e espiritual, a encontrar a vontade de Deus para sua vida, configurar-se a Cristo – o Concílio partirá de elementos que mostram a importância da direção espiritual atualmente.

A partir do decreto *Optatam totius*, n. 8, o Concílio trata dos seminários e diz que a formação nos seminários deve partir, sobretudo, da ajuda do diretor espiritual. Aí está exatamente a pergunta que nós precisamos fazer (sobretudo para aqueles que trabalham em seminários, formadores, diretores espirituais e formandos): Como anda a direção espiritual em nossas

[9] MIRANDA, Tomás Rodrigues. A direção espiritual: pastoral do acompanhamento espiritual. São Paulo: Paulus, 2009, p. 47.

casas? Como é a formação espiritual em nossas casas de formação? Ora, se a *Optatam totius,* para destacar a importância da direção espiritual atualmente, fala que a formação deve partir especialmente da ajuda do diretor espiritual (n. 8), há quem diga que o verdadeiro formador é o formador de consciência, no caso, é o diretor espiritual.

O Concílio recomenda ainda que: "os sacerdotes tenham grande estima pela direção espiritual" (*Presbyterorum Ordinis*, n. 18). A pergunta a fazer é: nossos padres fazem direção espiritual? Os padres novos fazem direção espiritual? Qual é a estima que nós, sacerdotes, temos pela direção espiritual? O Concílio orienta ainda que: "entre os religiosos sejam escolhidos bons mestres do Espírito" (*Perfectae Caritatis*, n. 18). Sendo assim, a direção espiritual deve encontrar entre os religiosos bons mestres, pessoas bem preparadas para essa difícil tarefa.

O Concílio Vaticano II reafirma ainda que: "nas universidades tenham pessoas bem preparadas que se ocupem permanentemente da formação espiritual da juventude" (*Gravissimum Educationes*, n. 10). Como fazer com que a Pastoral Universitária tenha esta preocupação pela formação espiritual da juventude?

Hoje, em muitos ambientes, surge ainda ou começa-se a perceber a necessidade de guias espirituais. São inúmeros os leigos que são conscientes de sua vocação à santidade que se lamentam de não encontrarem pessoas competentes para ajudar-lhes na estrada da santidade. Ora, se hoje a direção espiritual é necessária, também é necessária a boa preparação e formação de diretores espirituais.

Devemos nos atentar para o fato de que há uma grande redescoberta da espiritualidade ou uma grande busca pela espiritualidade, um novo reencontro da espiritualidade. Se há, de fato, essa busca, ou se há de fato a necessidade de uma direção espiritual que possa acompanhar as pessoas na estrada de sua vida, devíamos levar em consideração o axioma comercial, ou melhor, o axioma de mercado: onde há demanda, que haja oferta.

Se nós não ofertamos um acompanhamento espiritual neste tempo da espiritualidade, obviamente confundir-se-á a espiritualidade com a busca de sentido, uma espiritualidade que se confunde com a prática do voluntariado, de um bem-estar consigo mesmo. Precisamos testemunhar a espiritualidade Cristã que se caracteriza no seguimento de Jesus Cristo. É preciso anunciar em diversos meios, anunciar nos areópagos contemporâneos e, para isso, precisamos acompanhar, pois não basta anunciar, é necessário acompanhar. Dessa maneira, a Igreja vê a direção espiritual como necessária atualmente, como pudemos perceber por meio dos documentos supracitados.

2.3. As raízes da direção espiritual no Antigo Testamento

Se a Igreja, como vimos, salienta a importância da direção espiritual atualmente, é necessário sabermos de onde ela vem e qual sua fundamentação.

Quando nós olhamos a direção espiritual no Antigo, colocamos no centro de nosso estudo Deus como mistério. "Tira a sandália porque o lugar onde estás pisando é um lugar santo" (cf. Ex 3,5). Um Deus que é presente e, ao mesmo tempo, permanece escondido; um Deus que se relaciona com o homem; um Deus que dialoga com o homem. Digamos que a primeira base da direção espiritual na Sagrada Escritura é um Deus dialogante, um Deus que fala, um Deus que se comunica, um Deus que vem ao encontro do homem.

Quando falamos de diálogo, estamos falando de receptor e emissor, isto é, de um Deus que fala e um Deus que escuta. Estamos falando de um homem que fala e de um homem que precisa escutar. Em tempos como os nossos, em que a dificuldade de falar e escutar parece ser cada vez mais crescente, onde não mais o homem fala, ou mesmo escuta, pois o que marca nossa realidade contemporânea é a impaciência, Deus é único absoluto que consegue se comunicar; Deus vem a nós, Ele se apresenta, Ele se define. Em suma, Deus dialoga com o homem.

No que diz respeito à direção espiritual no Antigo Testamento, há um Deus que é mistério, escondido e velado. Isso é para nós de suma importância, pois quando olhamos Deus no Antigo Testamento vemos que Ele é três vezes Santo (*Kadosh*). Esse Deus-Santo faz com que a direção espiritual tenha a ver com a experiência do Sinai, pois é por meio dessa experiência que percebemos a relação de Deus com o homem. Aquilo que Santo Agostinho vai chamar de *ordo amoris*, uma relação de amor[10]. Por esse motivo, direção espiritual é permitir subir o Sinai, e assim, relacionarmo-nos de novo com Deus. Afinal, a experiência do Sinai é uma experiência espiritual autêntica e destaca exatamente que o Deus que é mistério, o Deus escondido e velado não tem medo de dialogar com o homem, não tem medo de falar com o homem. Desse modo, a direção espiritual é um instrumento de Deus para se aprender a linguagem divina.

[10] BERNARD, Charles André. *Teologia spirituale. Milano:* San Paolo, 2002, p. 66. Da una parte Dio indica, mediante Il *dono della Legge, l'ordo amoris* (tradução nossa).

Um outro aspecto relacionado à direção espiritual na mensagem que o Deus do Antigo Testamento quer nos mostrar é: Deus é justo. Deus é o *Emanuel* (Deus Conosco), por isso o crente hebraico, isto é, o homem da fé Hebraica do Antigo Testamento, vivia a consciência, ou melhor, vivia de maneira consciente a presença de Deus. Essa é uma nuance essencial na direção espiritual, pois o que chamávamos de "saber qual é a vontade de Deus para nossa vida", refere-se, antes de tudo, a aprender a viver na presença de Deus; ter consciência de viver na presença dele e não escondido dele. Isso tem relação próxima com o pecado, afinal, quando pecamos, escondemo-nos de Deus.

Entretanto, viver na presença dele exige do crente hebraico realizar o imperativo categórico ético, por assim dizer, de fazer a vontade de Deus. Por isso a direção espiritual implica na vivência ética, e deve ser vivida em conformidade com aquilo que cremos: viver em conformidade com o relacionamento estabelecido por Deus.

A direção espiritual deve desmascarar toda hipocrisia de nossa parte, toda maneira enganosa que o espírito (mundano) quer implantar em nós. Pois, direção espiritual tem a ver com fazer a vontade de Deus e fazer a vontade de Deus significa que não dá para descer do Sinai sem estar disposto a fazer o que Ele nos pede para a vida daqueles que desejam segui-lo. Dessa forma, a pessoa que procura Deus deve compreender que só O encontra quando se coloca diante dele. Quantas vezes nós não nos colocamos diante de Deus e permanecemos escondidos dele? Quantas vezes nós cremos estar em Sua presença, mas estamos escondidos?

Outro elemento que o Antigo Testamento nos mostra a respeito da direção espiritual é ter a consciência de que é o Senhor que se revela a nós. Isso nos inquieta ao ponto de nos perguntarmos: como fazer a vontade de Deus a partir do que Ele é? Assim, a direção espiritual é uma grande auxiliadora que nos ajuda a responder esta pergunta, que na verdade deve ser a pergunta motivadora de toda pessoa que busca viver em direção à vontade de Deus.

As raízes da direção espiritual, no Antigo Testamento, levam-nos ainda a perceber que é da espiritualidade da aliança, da espiritualidade do êxodo e da espiritualidade da obediência que o homem deve, sobretudo, aprender a experiência da fidelidade. Só assim poderemos chegar ao tripé da direção espiritual: Deus, homem e mundo. É a partir da espiritualidade da aliança, da espiritualidade do êxodo (da escravidão à liberdade) que nós experimentamos olhar o mundo com uma permanente dimensão contemplativa: olhar o mundo como uma possibilidade de contemplar Deus, percebendo o que está a nosso redor. Isso faz com que percebamos a direção espiritual em uma dimensão escatológica, afinal, direção espiritual é, também, aquilo que há de vir.

Deus no Antigo Testamento é o Único que ensina e é dele, portanto, que se deve aprender. Ele se comunica com o homem e essa comunicação tem por finalidade comunicar a Sua vontade. Por meio dos Profetas e por meio de homens e mulheres, Deus fala ao mundo, mas só Ele é o Mestre; só Ele é o Senhor que ensina. Por isso mesmo, o Deus no Antigo Testamento pede aos homens para não fugirem desta imagem, mas ao contrário, de se colocarem na mesma estrada dos profetas e de tantos outros que anunciaram sua palavra ao mundo.

Portanto, a base da direção espiritual presente no Antigo Testamento é de pedir aos homens que, mesmo não vivenciando realidades fáceis durante a vida, assumam com propriedade o chamado de Deus. Nesse sentido, a direção espiritual tem por base Deus que é o autor e o princípio de toda ação e que nos convida a sermos um povo separado, a sermos santos.

3

CHAMADOS À SANTIDADE

Falávamos, no capítulo anterior, sobre o tema da direção espiritual e qual sua importância e finalidade a partir de alguns documentos do Concílio Vaticano II, a fim de realçar o lugar da direção espiritual, seja na formação de padres, seja na vida religiosa, seja na vida de todos os fiéis leigos. Dizíamos também que o corte de leitura deste tema era a busca da santidade, tendo como base para o estudo da direção espiritual a Sagrada Escritura, meio pelo qual encontramos com o objeto da direção espiritual, Deus, que outrora denominamos três vezes Santo, referindo-nos ao Antigo Testamento. Sendo assim, a direção espiritual trabalha a santidade e o modo como trilharemos esse caminho.

Dessa forma, para trilharmos um caminho que nos faça santos, precisamos voltar nosso olhar ao estudo da direção espiritual no Novo Testamento a partir do tema da santidade. Para tanto, utilizaremos como suporte para este argumento duas bibliografias básicas: a Carta apostólica *Novo millennio ineunte* do papa João Paulo II e a Exortação apostólica *Gaudete et exsultate* do papa Francisco.

O papa Francisco, em sua exortação apostólica sobre o chamado à santidade no mundo atual, recorda-nos que a santidade é uma questão de caminho[1]. Por isso falar de santidade é falar de caminho, afinal, a vontade de Deus é que sejamos santos (cf. 1Ts 4,3). Assim, quando falamos de caminho de santidade, falamos de um programa de santidade, ou seja, um projeto de santidade. Pois bem, a santidade é, antes de tudo, um chamado que Deus faz a toda pessoa humana. Dessa forma, falar de santidade é falar de antropologia, pois toca o tecido frágil da humanidade; é uma antropologia que é chamada a ser santa. Ora, se a santidade é questão de caminho e, nesse caminho, nós falamos de um projeto, então a santidade é olhar para frente a partir de um projeto de Deus para nossa vida; é olhar o que está no futuro. Aqui não se trata de criar outro caminho eclesial e pastoral, mas fazer do trabalho pastoral um objetivo para alcançar a santidade[2].

Como já definimos, do ponto de vista científico, direção espiritual é um tratado que é estudado na teologia pastoral e na psicologia pastoral. Assim, todo trabalho pastoral, todas as ações pastorais, têm como objetivo a santidade. Será que nós já pensamos toda a nossa ação pastoral, tendo como meta chegar à santidade? Afinal, santidade é um convite a todos ou um imperativo da vida espiritual.

---

[1] FRANCISCO, Papa. Exortação apostólica *Gaudete et exsultate*: sobre o chamado à santidade no mundo atual. Brasília: Edições CNBB, 2018, n. 19.

[2] JOÃO PAULO II, Santo. Carta apostólica *Novo millennio ineunte*. São Paulo: Paulinas, 2001, n. 30.

Santidade e vida cristã são um pleonasmo, isto é, falar de vida cristã é falar de santidade; falar de ser cristão é falar de ser santo, fazendo com que esses conceitos se tornem inseparáveis tendo eles a mesma medida e a mesma urgência, pois se autorreclamam. Se precisamos ser cristãos com testemunho de vida no mundo contemporâneo, igualmente precisamos ser santos com testemunho de vida no mundo igualmente contemporâneo. Esse convite feito a todos, para que sejamos santos, é um imperativo da fé e uma necessidade de crer, pois quem crê deve viver com a vida de amor e testemunhá-la no cotidiano[3]. Santo é aquele que testemunha o amor e a fé. Em palavras mais brandas, a fé reclama a santidade e a santidade autorreclama a fé. A santidade, por sua vez, é o efeito colateral do ato de crer, é viver em um amor não professado apenas com os lábios, mas um amor que ama com a própria vida, com o testemunho.

O caminho de santidade que se descortina diante de nossos olhos, que foi dado a nós pelos papas João Paulo II e Francisco, ajuda-nos a perceber que a santidade deve ser o sentido da vida cristã. Sendo assim, dentro do âmbito da vida cristã, não deve existir uma outra busca de sentido, pois o sentido da vida cristã é exatamente a santidade. Eis aí o grande desafio: integrarmos a santidade no cotidiano de nossa vida. A direção espiritual aparece, neste sentido, como mediadora que nos ajuda a integrar teoria e prática, a integrar nossa busca de sentido, isto é, a santidade no dia a dia de nossa vida.

A busca de sentido é um conceito da logoterapia que ganha cada vez mais espaço em nossos dias, ao ponto de confundir a espiritualidade apenas como busca de senti-

[3] FRANCISCO, Papa. Exortação apostólica *Gaudete et exsultate:* sobre o chamado à santidade no mundo atual. Brasília: Edições CNBB, 2018, n. 14.

do para vida. É importante perceber que a busca de sentido para aqueles que creem, portanto, para a vida cristã, é a santidade. A busca de sentido parte, basicamente, de duas pequenas palavrinhas: "Quem tem um *porquê*, suporta qualquer *como*"[4]. Dessa forma, a direção espiritual, na perspectiva de caminho de santidade, ajuda-nos a perceber quais são os "porquês" de nossa vida para depois vislumbrarmos os "comos", procurando integrar vida e santidade.

O papa Francisco nos apresenta a santidade "ao pé da porta":

> Gosto de ver a santidade no povo paciente de Deus: nos pais que criam os seus filhos com tanto amor, nos homens e nas mulheres que trabalham a fim de trazer o pão para casa, nos doentes, nas consagradas idosas que continuam a sorrir. Nesta constância de continuar a caminhar dia após dia, vejo a santidade da Igreja militante. Esta é muitas vezes a santidade "ao pé da porta", daqueles que vivem perto de nós e são um reflexo da presença de Deus, ou – por outras palavras –, da "classe média da santidade"[5].

A novidade aqui destacada são os santos que muitas vezes são silenciosos. Ousaria dizer que a santidade não deveria ser motivo de estupefação, mas deveria ser algo corriqueiro, isto é, o sentido para a vida cristã. Ela não deveria ser algo extraordinário, mas algo ordinário. Existem os santos canonizados e existem os santos que estão à porta. Sendo assim, a direção espiritual tem como um de seus grandes objetivos integrar a santidade com aquilo que vivemos.

---

[4] FRANKL, Viktor. *Psicoterapia e sentido da Vida.* São Paulo: Quadrante, 2008, p. 101.

[5] FRANCISCO, Papa. Exortação apostólica *Gaudete et exsultate*: sobre o chamado à santidade no mundo atual. Brasilia: Edições CNBB, 2018, n. 7.

3.1. Caminho de santidade

Quando falamos em caminho de santidade, faz-se necessário buscarmos a conceituação da palavra "caminho", ou melhor, encontrarmos o que significa o conceito caminho. Segundo a definição do dicionário da Língua Portuguesa Michaelis[6], "caminho" diz respeito à estrada, rua, direção ou ao destino. Logo, se o sentido é aquilo que queremos encontrar, "o destino para onde vamos" ou "onde queremos chegar" é preciso olhar para frente a fim de que este caminho não seja perdido. Sendo assim, "caminho" está relacionado com a direção que nós tomamos.

Para exemplificar a definição, poderíamos tomar o texto dos discípulos de Emaús (cf. Lc 21,13-35): Jesus caminha com seus discípulos. Os discípulos de Emaús tomam um caminho que tem como destino Emaús. Jesus se faz caminho em nosso caminho, coloca-nos em nosso meio, caminha conosco, fala conosco. Por isso o caminho dos discípulos de Emaús é um exemplo claro do acompanhamento espiritual: "não ardia nosso coração, quando ele nos falava pelo caminho?" (cf. Lc 24,32). O caminho de Emaús é o caminho da tristeza, da decepção: já havia três dias que acontecera o evento da morte e nada aconteceu. Porém, ao encontrar-se com o Senhor, refizeram o caminho para Jerusalém. A direção espiritual é exatamente ajudar a ressignificar nossos caminhos ou pelo menos recolocar nosso destino. Por essa razão, outro principal objetivo da direção espiritual é ajudar a pessoa a encontrar o sentido para a vida cristã, isto é, a santidade. O caminho é uma estrada, uma rua. É pergun-

[6] MICHAELIS. *Minidicionário Escolar da Língua Portuguesa*. São Paulo: Melhoramentos, 2000, p. 112.

tar: que direção dou para minha vida? Estamos indo para o destino certo, ou não? Então, "caminho", no sentido dos discípulos de Emaús, tem a ver com autossuficiência, isto é, vencer nossas autossuficiências. Santidade é percorrer o caminho da humildade, é reconhecer que se permanecemos fechados em nós mesmos, não experimentaremos o coração arder.

Parafraseando o papa Francisco no diretório de homilética: "toda homilia deve deixar o coração dos fiéis ardendo"[7]. Então, a direção espiritual é o momento de deixar o coração arder, porque, por ela, veremos se o destino que estamos buscando é o melhor para nossa vida, se ele é o correto para nossa vida.

Nosso destino não é necessariamente um lugar geográfico, mas um destino transcendental. Por isso se queremos nos configurar a Cristo, precisamos passar pela experiência de um coração que arde, isto é, vencer a nós mesmos, como nos recorda Doroteu de Gaza[8]. Vale a pena recordar que a direção espiritual atua exatamente no caminho ao qual se quer chegar.

> A recordação desta verdade elementar, para fazer dela o fundamento da programação pastoral que nos ocupa ao início do novo milênio, poderia parecer, à primeira vista, algo de pouco operativo. Pode-se porventura "programar" a santidade? Que pode significar esta realidade na lógica dum plano pastoral? Na verdade, colocar a programação pastoral sob o signo da santidade é uma opção carregada de consequências. Significa exprimir a convicção de que, se o Batismo é um verdadeiro ingresso na santidade de Deus através da inserção em Cristo e da habitação do seu Espírito, seria um contrassenso contentar-se com uma vida

[7] SACRAMENTOS. *Diretório Homilético*. Brasília: Edições CNBB, 2015, n. 135.

[8] DOROTEU DE GAZA, Santo. *Ensinamentos espirituais de Doroteu de Gaza*. Juiz de Fora: Mosteiro de Santa Cruz, 2003, p. 112.

> medíocre, pautada por uma ética minimalista e uma religiosidade superficial. Perguntar a um catecúmeno: "Queres receber o Batismo?" significa ao mesmo tempo pedir-lhe: "Queres fazer-te santo?" Significa colocar na sua estrada o radicalismo do Sermão da Montanha: "Sede perfeitos, como é perfeito vosso Pai Celeste" (Mt 5,48)[9].

O Papa nos recorda, a partir de sua carta apostólica, que a santidade tem a ver com nosso batismo: querer ser batizado é o mesmo que querer ser santos. Esta premissa nos permite recordar os primeiros cristãos, que a partir de uma experiência do batismo, assumiram o compromisso de não mais pecar. Porém a história vai nos mostrando que a concupiscência humana, a fragilidade do coração humano, continua por pecar depois do batismo.

Hoje, fala-se muito de vida medíocre: uma vida superficial, uma vida pequena.

Dessa forma, a santidade é aquilo que há de maior da parte de Deus a nos oferecer. Recusar a santidade é, portanto, uma imersão na vida medíocre, pequena, sem sentido, uma vida, como nos alude o Cardeal Ratzinger[10], de "palhaços": ser e viver uma vida medíocre é não convencer mais ninguém, é viver a vida em uma eterna brincadeira, viver do mínimo. Diria ainda que viver uma vida medíocre é viver uma religião epidérmica.

Por isso é necessário convencer-nos de que a santidade é questão de vocação batismal e que ser santo é ser batizado. A direção espiritual é, portanto, uma ajuda

---

[9] JOÃO PAULO II, Santo. Carta apostólica *Novo millennio ineunte*. São Paulo: Paulinas, 2001, n. 31.

[10] RATZINGER, Joseph. *Introdução ao Cristianismo*. São Paulo: Loyola, 2005, p. 31.

para percorrer o caminho de santidade; é um auxílio na construção de um projeto de vida baseado no programa das bem-aventuranças.

> Sobre a essência da santidade, pode haver muitas teorias, abundantes explicações e distinções. Uma reflexão do género poderia ser útil, mas não há nada de mais esclarecedor do que voltar às palavras de Jesus e recolher o seu modo de transmitir a verdade. Jesus explicou, com toda a simplicidade, o que é ser santo; fê-lo quando nos deixou as bem-aventuranças (cf. Mt 5, 312; Lc 6, 20-23). Estas são como que o bilhete de identidade do cristão. Assim, se um de nós se questionar sobre "como fazer para chegar a ser um bom cristão", a resposta é simples: é necessário fazer – cada qual a seu modo – aquilo que Jesus disse no sermão das bem-aventuranças. Nelas está delineado o rosto do Mestre, que somos chamados a deixar transparecer no dia a dia da nossa vida[11].

Santidade é assumir um ser feliz, que é ser santo, ou seja, assumir a fisionomia de Cristo, fisionomia essa que não muda. É o que a teologia da espiritualidade intitula de coincidências cristológicas: Cristo presente em todas as épocas, para todos os homens e todas as mulheres. Isso significa que cada pessoa faz a experiência do Cristo em cada período histórico em que está inserida. Assim, a direção espiritual, na perspectiva da santidade, tem como objetivo ajudar a pessoa assumir a fisionomia de Cristo e escutar o Mestre: "falai – respondeu o menino – que vosso servo escuta" (cf. 1Sm 3,10). A figura de Samuel é a figura do discernimento, tema que trataremos mais adiante. O papa Francisco nos convida, portanto, a elaborar nosso projeto de vida, isto é, a

[11] FRANCISCO, Papa. Exortação apostólica *Gaudete et exsultate*: sobre o chamado à santidade no mundo atual. Brasília: Edições CNBB, 2018, n. 63.

elaborar um projeto de santidade, a lutar pela busca de uma santidade, assumindo a fisionomia de Cristo por meio de sua identidade.

Identidade cristã é, antes de tudo, escutar o mestre; é assumir a mesma fisionomia de Cristo. No dia de nosso batismo, nossos pais, padrinhos, o padre ou diácono disseram: "este é nosso sinal: a Cruz de Cristo. Por isso, eu, vossos pais e padrinhos vos marcamos agora com o sinal do Cristo Salvador". Identidade, como nos lembra Maurizio Costa[12]: "é um dom a construir". Desse modo, um dom recebido de Deus e ao mesmo tempo um dom a ser conquistado, pois foi dado por Deus e dele doado como promessa. A identidade é muito mais um ponto de chegada do que um ponto de partida, pois quando nascemos não sabemos quem nós somos e nem onde estamos.

A identidade é uma orientação a um dado conhecimento do próprio comportamento. Então, a direção espiritual ajuda a adequar nosso comportamento com aquilo ou com a realidade do "crer"; ajuda de fato saber quem somos. Identidade está ligada às perguntas como: quem somos? De onde viemos? Para onde vamos? Qual Deus experimentamos?

A direção espiritual atua, então, na construção do caminho de santidade a partir da escuta:

> Voltemos a escutar Jesus, com todo o amor e respeito que o Mestre merece. Permitamos-Lhe que nos fustigue com as suas palavras, que nos desafie, que nos chame a uma mudança real de vida. Caso contrário, a santidade não passará de palavras. Recordemos

[12] COSTA, Maurizio. *Tra identità e formazione: la spiritualità sacerdotale*. Roma: Edizioni ADP, 2003, p. 25.

agora as diferentes bem-aventuranças, na versão do Evangelho de Mateus (cf. 5,3-12)[13].

Direção espiritual não é a técnica de psicologia; não é uma terapia revestida de espiritualidade. Direção espiritual é colocar a vida diante de Deus, por isso o pressuposto é crer. É saber quem somos através da perspectiva da fé em Deus. Por isso na perspectiva do caminho para a santidade, é, enfim, permitir escutar Jesus com amor e com respeito.

A direção espiritual, portanto, trabalha o efeito do Sacramento da Penitência, isto é, a reconciliação. Ora, se dissermos que a direção espiritual é possibilitar a construção de um caminho de santidade, permitindo escutar Jesus, significa dizer que a santidade não pode ser feita somente de palavras, mas a partir de uma ajuda espiritual-pastoral que faz equilibrar a vida entre o que se fala e o que se vive, o que se processa e o que se testemunha. Santidade, portanto, é um reflexo da presença de Deus a fim de que busquemos uma medida e que essa medida possa equilibrar aquilo que professamos e aquilo que vivemos.

3.2. A concepção da direção espiritual no Novo Testamento

Quem é Deus? Quem é o Deus de Jesus Cristo? Pela Encarnação do Verbo percebemos que a revelação de Deus, que outrora era escondido, agora deixa ver Sua Face de amor: ninguém conhece o Pai senão por meio de Jesus; Ele é o Mediador. Jesus revela a vida íntima

[13] FRANCISCO, Papa. Exortação apostólica *Gaudete et exsultate*: sobre o chamado à santidade no mundo atual. Brasília: Edições CNBB, 2018, n. 66.

de Deus, por isso a direção espiritual permite tocarmos e entrarmos na vida íntima de Deus. Porém somente por meio de Jesus é que conhecemos a vontade de Deus. Por essa razão, seguir Jesus implica saber que Ele nos leva a Deus, que Ele nos permite tocar a Deus; seguir Jesus nos faz experimentar um Deus conosco. A direção espiritual possui, assim, uma dimensão cristológica, pois, se é pneumatológica, ou seja, se é o Espírito o verdadeiro mestre espiritual, igualmente é cristológica, pois é o Cristo que nos aponta o caminho que leva ao Pai.

Estamos falando de direção espiritual cristã, ou seja, sobre a direção espiritual a partir de Jesus Cristo e consequentemente a partir do Novo Testamento. Falamos, assim, da junção de dois montes: o Monte Sinai, no Antigo Testamento, e o Monte Calvário, no Novo Testamento, isto é, as duas testemunhas que Jesus revela em uma única via.

Dessa forma, a direção espiritual procura construir um mundo pela ótica de Jesus e esse mundo diz respeito ao mundo interior. Eis, pois, o primeiro anseio em querermos diferenciar direção espiritual e aconselhamento pastoral: colocar a vida diante de Jesus. A direção espiritual, na perspectiva do Novo Testamento, é sempre um chamado a construir. Significa dizer ainda que, se com Moisés – no Antigo Testamento – percebemos sinais, como o trovão e o clarão, no Monte Sinai, com Jesus, percebemos a abertura dos sepulcros, a passagem da morte à vida.

É no Novo Testamento que a direção espiritual é mostrada como capacidade de nos conhecermos; a possibilidade de abrir nossos sepulcros. Porém as vezes que nos propomos a ir ao encontro de tais sepulcros, não encontramos corpos incorruptos, isto é, santos com um bom odor, mas, muitas vezes, encontramos muita podridão e mau cheiro, o que pedirá daquele que quer que sua vida se transforme um conhecimento de si e o conhecimento do mistério que compreende sua vida.

Ser mistério para o homem significa saber e não saber. É um ser mistério porque quanto mais o homem pergunta por si mesmo, mais ele sabe, mais precisa saber; o homem é mistério porque está em referência a Deus. Então, abrir os sepulcros possibilita entrar no ministério de nós mesmos.

Nesse sentido, o Novo Testamento nos brinda com uma fundamentação importante para a direção espiritual: colocar o ministério de Jesus Cristo no centro de nossa vida, ou seja, colocar Jesus Cristo como Aquele que revela Deus, como Aquele que ajuda abrir nossos túmulos para, enfim, sabermos qual é a vontade de Deus para nossa vida.

Direção espiritual é, ainda, experiência do mistério pascal e tem grande dimensão escatológica, pois é no caminho de adequação e de busca da vivência da santidade que somos convidados a experienciar Aquele que é o centro da salvação. A direção espiritual, por esse motivo, tem tudo a ver com Jesus Cristo, pois a pessoa é capaz de transformar, de vencer seu cansaço, vencer sua preguiça, passar da morte para ressurreição. Direção espiritual é, portanto, deixar-se trabalhar na perspectiva da ressurreição. Muitas vezes dizemo-nos vivos, pois nos alimentamos, rimos, falamos, mas, no entanto, nosso estado interior é um estado de morte.

A direção espiritual, na perspectiva do Novo Testamento, quer ser, portanto, encorajamento a fim de animar a pessoa a seguir Jesus, pois se vida espiritual tem a ver com espiritualidade cristã – aqui definida como seguimento de Jesus –, logo a direção espiritual quer assumir a grande função de encorajar e animar sempre a cada dia a pessoa novamente a seguir Jesus e não parar no caminho do discipulado. Direção espiritual é uma inserção madura no seguimento de Jesus. Com isso, o Novo Testamento nos proporciona mudar o rosto das pessoas, mudar as perspectivas, mudar o caminho, quando se faz necessário. Por fim, direção espiritual, segundo o Novo Testamento, é nos colocar na espera convicta de mudança de vida cujo centro não é o próprio sujeito, mas Ele, que, por meio de sua palavra, encoraja-nos a permanecer em seu seguimento.

seguimento de Jesus – logo a direção espiritual deve assumir a grande função de colaborar e animar sempre a cada dia a pessoa no caminho a seguir Jesus e não parar no caminho do discipulado. Direção espiritual é uma intenção madura no seguimento de Jesus. Com isso, o Novo Testamento nos proporciona mudar o foco das pessoas, mudar as perspectivas, mudar o caminho, quando se faz necessário. Portanto, direção espiritual segundo o Novo Testamento é nos colocar na esfera da conversão, de mudança de vida cujo centro não é o próprio sujeito, mas Ele, que, por meio de sua palavra, encoraja-nos a permanecer em seu seguimento.

4

EXPOENTES HISTÓRICOS DA DIREÇÃO ESPIRITUAL

Quando falamos de horizonte histórico, falamos propriamente da história. Aqui faz-se mister um preâmbulo a partir da seguinte pergunta: qual é o objeto da história? Segundo Marc Bloch[1], "o objeto da história é, por natureza, o homem, ou melhor, os homens". Se antes definíamos como objeto da pastoral e da evangelização o homem que crê, aqui definimos como objeto da história os homens. Por isso estudar história é, antes de tudo, estudar o homem ou os homens. É estudar o tempo em que os homens estão inseridos; como o homem se desenvolve, como vive a sua vida. Assim, história, se é que podemos afirmar, é o "*locus*", o lugar onde a vida humana acontece e se desenvolve, onde a vida humana nasce, cresce e morre. Dessa forma, é importante que, para falarmos do horizonte histórico da

[1] BLOCH, Marc. *Apologia da História ou o ofício de historiador.* Rio de Janeiro: Zahar, 2002, p. 54.

direção espiritual, deparemo-nos com um objetivo histórico: alcançar os homens. Falar da direção espiritual no horizonte histórico é, antes de tudo, falar de homens que a praticaram ao longo da história.

A história é dividida em tempos e em períodos. Tentaremos aqui perceber o horizonte histórico da direção espiritual não abordando somente o passado, pois é errôneo pensar que a história é uma ciência do passado[2], mas a perceberemos de maneira presente no tempo atual, o que nos abrirá às perspectivas futuras.

O conhecimento do passado é um chamado incessante à realidade do progresso, em outras palavras, conhecer o passado é entrar em uma dinâmica processual, pois obstinadamente o conhecimento do passado se transforma e se aperfeiçoa. Por isso, quando nos propomos a definir o horizonte histórico da direção espiritual, precisamos colocar os óculos da história, percebendo que o conhecimento do passado sempre se transformará, sempre se aperfeiçoará.

Quando falamos da direção espiritual, muito embora não possuamos todos os dados históricos necessários para falar desta prática ou mesmo para elaborarmos um estudo mais completo sobre ela, é possível, mesmo assim, tecermos considerações substanciais, observações consistentes, a respeito de diferentes aspectos da direção espiritual. A direção espiritual cristã constitui um fato, e esse fato marca o cristianismo desde sua origem. Não pretendemos aqui fazer um estudo aprofundado sobre a história do cristianismo, mas o que pretendemos é poder acompanhar a história do cristianismo e assim segui-la até nossos dias.

A direção espiritual representa um aspecto fundamental, isto é, está nas bases do cristianismo, pois está li-

[2] Ibid, p. 66.

gada a toda a tradição cristã na forma que o cristianismo nascente, posterior e contemporâneo, organizou e vem organizando, ajudou e vem ajudando muitas pessoas no caminho pessoal e comunitário, tendo sempre como meta a santidade. Em outras palavras, falar do horizonte histórico da direção espiritual é lançar um olhar no modo como o cristianismo foi estruturando e organizando a ajuda para que as pessoas atingissem a santidade.

Mesmo que o conceito de direção espiritual não encontre aspecto fundantes na história e não encontremos características atuais, mesmo que esse conceito seja de um cristianismo moderno, de um catolicismo pós-tridentino, nada se pode tirar da qualidade histórica alcançada pela direção espiritual, pois esse fenômeno é encontrado desde a cultura greco-romana, principalmente no período de formação do cristianismo. Como nos lembra Filoramo[3]: "o conceito é relativamente novo, mas a prática não".

A prática, portanto, da direção espiritual ocupa um lugar central em todos os tempos históricos. Ela não somente ocupa um período histórico, não somente acompanha a história em períodos, mas acompanha sobretudo em tempos históricos. Já na antiguidade podemos perceber sinais da presença e da prática da direção espiritual. Porém, quando falamos de antiguidade, um período histórico anterior ao que chamamos de Idade Média, falamos de prevalência da cultura greco-romana e falamos de maneira específica da filosofia.

Para encontrar a origem da direção espiritual é necessário que voltemos à direção de nosso estudo na tradição filosófica grega, pois os primeiros mestres

[3] FILORAMO, Giovanni. *Storia della direzione spirituale: L'età antica*. Brescia: Morcelliana, 2006, p. 5.

são os filósofos. Nesse sentido, se quisermos encontrar o berço da direção espiritual, é necessário que voltemos ao período formativo que atinge os séculos VII ao século IV a.C.

Neste período, a grande figura que nos acompanha é Sócrates, o primeiro a intuir a importância do diálogo e com isso a relação interpessoal, que tem como finalidade a ajuda. É nesta relação interpessoal que encontramos a figura do mestre e do discípulo. Essa relação se torna a base para o que depois irá se converter em diretor e dirigido. Assim, tanto o mestre quanto o discípulo são figuras anteriores ao cristianismo.

A filosofia grega, com fortes influxos da cultura romana, foi de grande contribuição para a estruturação e, ao mesmo tempo, para um caminho e uma metodologia da direção espiritual. Encontramos aqui duas realidades da direção espiritual desde seu berço: metodologia e estrutura. Ambas são claramente expostas e fortemente vividas por meio dos conselhos que os filósofos davam àqueles que lhes pediam. Podemos fundamentar tal argumento pelo verbete "direção espiritual" presente no dicionário de espiritualidade traduzido para o português do Ancilli Volume I[4]: "o fato de que, primeiro, entre os gregos e depois entre os romanos, encontram-se nomes de filósofos famosos, como Sócrates, Platão, Epiteto, Marco Aurélio e Sêneca. Esses davam conselhos de orientação para vida das pessoas que pediam".

Dessa forma, a direção espiritual encontra no mestre-filósofo o grande paradigma daquele que transmite ao discípulo os conhecimentos dos meios para realizar-

[4]ANCILLI, Ermanno. *Dicionário de espiritualidade*. Vol. 1. São Paulo: Paulinas, 2012, p. 767.

-se através da via filosófica e racional. O mestre se torna, portanto, um paradigma para a vida do discípulo. Em suma, o mestre-filósofo se torna um pedagogo da vida interior.

Desde o século primeiro antes de Cristo, a fisionomia do professor-filósofo, se assim podemos chamar, caminha par a par com a fisionomia daquilo que podemos chamar de diretor espiritual ou conselheiro pessoal. Insisto: não podemos, ainda, chamá-los de diretores espirituais, haja vista que escolhemos fazer uma pedagogia histórica para tratar do diretor espiritual em sentido comparativo. O professor acadêmico do primeiro século não é meramente o professor revestido de autoridade filosófica, mas é o mestre da vida, afinal, o essencial do ensinamento não vem da cátedra somente, mas vem da intimidade da vida comum. Por isso, mais do que as palavras do mestre, o mais importante era seu exemplo. Nesse contexto, portanto, a filosofia não anseia somente em formar um homem na única via intelectual, mas formar o homem em sua inteireza, formar o homem inteiro.

Percebe-se assim que, no encontro da filosofia com cristianismo, a figura do filósofo sofreu uma espécie de transformação. Não estamos falando aqui de espiritualidade, mas da base humana da direção espiritual: as pessoas buscam ajuda; o ser humano sente-se fragilizado; encontra nos filósofos uma mão dupla que dá, ao mesmo tempo, conhecimento e a possibilidade do homem se formar inteiramente, do conhecimento na via intelectual, mas dá também conselhos na via pessoal. Ora, nesse encontro entre a filosofia e o cristianismo, há uma forte tendência em transformar a filosofia em uma espécie de religião filosófica.

Assim, se querem nesse encontro transformar a filosofia em uma religião, automaticamente também, como efeito colateral dessa transformação, se quer transformar o filósofo-mestre em guia espiritual. Essa transformação só se completará no monaquismo oriental, precisamente na figura do pai espiritual. Antecipo: o pai espiritual é aquele que gera no Espírito e, gerando no Espírito, o que era discípulo se converte em filho. O pai espiritual é um adjetivo da paternidade espiritual, pois a paternidade espiritual gera neste pai o que ele deve ser: médico (doutor da alma e do espírito, além de orientador). O pai espiritual é aquele que não gera biologicamente ou não gerou biologicamente, mas gera segundo o espírito, alcançando uma dimensão pastoral.

Não podemos deixar de considerar aqui a maternidade espiritual. Poderíamos tomar como exemplo a irmã de São Bento e São Gregório de Nissa. Macrina, considerada mãe espiritual, destacava-se pela sabedoria de seus conselhos, a ponto de aconselhar um de seus irmãos a assumir a vida monástica; ensinava com exemplo de vida, aludindo aqui às características de mestre-filósofo que ensinava com os lábios, mas arrebatava com exemplo[5].

Outras duas mulheres que servirão de exemplo para a maternidade espiritual são a Madre Sarra e a Madre Sinclética. Madre Sarra permaneceu treze anos sendo tentada pelo demônio em sua castidade, porém nunca pediu a Deus que esta tentação desaparecesse, mas pedia: "Ó Deus, dai-me forças"[6]. Conta a tradição que o demônio vindo falar com ela e, certa vez, no auge de

[5] TUTAS, Maria Rodica. *Meditação Cristã: um caminho de sabedoria.* Belém do Pará, 2012, 57.

[6] Ibid, p. 58.

suas tentações de fornicação, um belo anjo apareceu a ela e disse: "Tu venceste"[7]. Madre Sinclética tem conselhos espirituais edificantes quanto às armadilhas do demônio na vida espiritual. Dizia ela: "numerosas são as manhas do diabo. Senão derrotar a alma pela pobreza, ele propõe a riqueza como uma isca"[8]. Em séculos posteriores, vemos a mãe de Santo Agostinho, Mônica, que influenciara a vocação de seu filho por meio de suas lágrimas.

4.1. A direção espiritual na perspectiva do monaquismo oriental

O início da direção espiritual como conhecemos nos dias de hoje remonta ao monaquismo oriental e falar de monaquismo oriental é falar de deserto. Os monges orientais se refugiavam no deserto para encontrar Deus, o que chamamos de "*fuga mundi*", convencidos de que somente através da ascese, isto é, um empenho pessoal, consciente, voluntário, livre e amoroso se alcançaria a perfeição da vida espiritual.

Essa realidade do deserto fez com que experimentassem, através da ascese, as lutas, as modificações e os sacrifícios que esse itinerário de vida engloba, isto é, a vida monacal exigia uma vida de sacrifício, uma vida de desprendimento. Os monges do monaquismo oriental começaram a se tornar líderes espirituais e, aquilo que antes era dedicado somente ao filósofo-mestre, passa a ser encontrado naqueles que eram filhos do deserto, se é que assim podemos chamar.

---

[7] Ibid, p. 59.

[8] Ibid, p. 59.

Dessa maneira, falar do início da direção espiritual na perspectiva do monaquismo oriental é, antes de tudo, falar de seu grande patrimônio: a espiritualidade do deserto. É falar de uma moldura na qual podemos observar o encontro do cristianismo com filosofia, a passagem de mestres filósofos para mestres espirituais. A espiritualidade do deserto é, portanto, o grande plano de fundo do aparecimento da direção espiritual. O deserto, por sua vez, é o grande manancial do simbolismo bíblico e histórico, que não perde sua força, afinal, o deserto é um lugar de encontro, é o lugar de descoberta e, sobretudo, é um lugar de crescimento. O deserto é aparentemente sem vida; parece, à primeira vista, um lugar de morte. Contudo, o deserto é o lugar onde Deus fala ao coração, por isso os monges vão ao deserto a fim de escutar Deus que fala ao coração. É no deserto que Deus penetra no mais íntimo do ser e é lá onde Ele revela Seu Nome. Em termos bíblicos, o deserto está estritamente ligado à experiência de libertação, não somente como lugar de refúgio, mas onde se pode renovar e descobrir novas fontes de vida. Assim, quem busca o deserto, busca um manancial. O deserto é também lugar da consolação e da desolação, lugar do encontro. O deserto é a grande moldura de onde se pode ver e estudar a direção espiritual em sua origem. Ora, o deserto é, portanto, uma realidade de nosso mundo, na qual o homem está indefeso ou desnudo ante àquela única decisão que importa: Deus[9]. O deserto recorda ao homem o quanto ele é pobre, isto é, o deserto recorda ao homem sua pobreza e sua solidão.

[9] ATANÁSIO, Santo. *Vida de Santo Antão.* 1ª ed. São Paulo: Santa Cruz, 2019, p. 51.

São Basílio, outro expoente da espiritualidade monacal, diz que a direção espiritual é necessária no processo de formação do monge para que ele possa se tornar um homem de Deus, experimentado nas coisas de Deus através de sua oração e reflexão. A direção espiritual começa aqui a se colocar não somente como ajuda humana, mas como um chamado a experimentarmos as coisas de Deus, um chamado a colocarmos a vida sob um itinerário espiritual. Então, o pai espiritual ou a mãe espiritual, mestres do monarquismo oriental, são como que guias de viagem que ajudam na direção a seu interior de quem o procura. A grande palavra da direção espiritual é, portanto, silêncio.

A exemplo do monaquismo ocidental, o Abade deve ser o guia espiritual de todos os monges; o bispo deve ser um guia espiritual de todos os seus padres; o superior geral e a superiora geral devem ser guias espirituais de suas freiras e de seus religiosos; o pároco deve ser o guia espiritual de seus paroquianos; o reitor deve ser o guia espiritual de seus formandos.

4.2. A direção espiritual e as ordens mendicantes

Dentre as ordens mendicantes, presentes na Idade Média, sobretudo a partir dos séculos XII e XIII, destacamos, de maneira muito particular, os franciscanos e os dominicanos, que nos permitem perceber a existência de uma hegemonia monacal: a direção espiritual nasce no deserto, sobe para os mosteiros e, agora, com as ordens mendicantes, desce dos mosteiros para a base, ou seja, para o povo. Em outras palavras, a partir dessas ordens, a direção espiritual passa a ser participação no apostolado da Igreja e, ao mesmo tempo, faz com que ela se una à confissão a fim de melhor servir o povo.

Dentro deste horizonte histórico nos chama maior atenção a vida do santo de Assis. Em Francisco, o santo mendicante, a direção espiritual é uma prática que só é possível ser desenvolvida na comunidade, isto é, dentro de uma dimensão fraterna. O diretor espiritual, nesta perspectiva, é um irmão mais velho que ajuda o irmão mais novo não superior a este que o procura, mas apenas irmão. Para Francisco, a direção espiritual só pode acontecer dentro de um clima fraternal. Em outras palavras, a direção espiritual acontece dentro de um contexto verdadeiramente relacional e comunitário, dentro de uma relação verdadeiramente de comunhão. Para o santo de Assis nenhum irmão é maior do que o outro, pois o irmão tem sempre o que ensinar ao outro, e aí está a base da direção espiritual: um irmão que ajuda o outro. Para ele, "o lugar ordinário onde acontece o acompanhamento espiritual é a fraternidade"[10].

A vida comunitária nos forma espiritualmente. Por essa razão que a "mesa do pão material" e a "mesa do pão Eucarístico" têm um forte laço e são inseparáveis: não se celebra a Eucaristia para quem não está unido a seu irmão. Assim, comer do pão Eucarístico é abrir-se àquilo que é a vida fraterna, com todos os seus desafios, com todas as suas implicações. É partir o pão da dúvida, da dor, do medo, da agressividade e de tantas outras realidades que nos afetam enquanto sujeitos imperfeitos que somos.

Francisco, como relata o livro de Giovani Miccoli, por volta de abril ou maio de 1226, acometido por uma

[10] MICCOLI, Giovanni. *Francisco: o santo de Assis na origem dos movimentos franciscanos.* São Paulo: Martins Fontes, 2015, p. 35.

grande crise de estômago ao ponto de vomitar sangue, pensando que ia morrer, faz seu testamento. E segundo o autor[11], o "testamento", como conhecemos hoje, é um presente franciscano, isto é, uma lição de vida, uma herança espiritual. Miccoli afirma que Francisco começa seu testamento dizendo: "irmãos". E depois prescreve aos frades: "em sinal de memória e de meu testamento se amem reciprocamente" e depois continua "amem a pobreza, obedeçam a igreja"[12]. Do testamento franciscano podemos tirar esses três princípios supracitados que precisaríamos assumir no percurso da direção espiritual, afinal, continuamos fazendo história, continuamos levando à frente o que é, de fato, a direção espiritual.

4.3. A direção espiritual em Santo Inácio de Loyola

Chegamos a um outro momento histórico para percebermos a direção espiritual: os exercícios espirituais. O grande protagonista dos exercícios é Santo Inácio de Loyola. Para ele, a direção espiritual se torna uma ferramenta indispensável para verificação inicial e periódica das boas obras apostólicas. Assim, ela serve para ver se estou praticando o bem e, ao mesmo tempo – e aí está um grande contributo dos exercícios espirituais de Santo Inácio –, perceber as boas obras em harmonia com o projeto de vida; une-se, portanto, direção espiritual e projeto de vida. Para Inácio, a direção espiritual é um pré-requisito para quem quer levar sua vida espiritual a sério: quem não leva sua vida espiritual a sério não leva a direção espiritual a sério. Pois ela é uma condição "*sine qua non*" para a vida. Aqui recordo o que já trata-

[11] Ibid, p. 68-69.
[12] Ibid, p. 69.

mos outrora: o diretor espiritual é médico, ajuda-nos a encontrar saúde em nossa vida espiritual.

Em Santo Inácio, a direção espiritual é um pré-requisito essencial para um compromisso sério na vida espiritual, isso é, ela ajuda-nos a vencer nossas autossuficiências, ajuda-nos a estourar nossas bolhas, ajuda-nos a quebrar nossos muros. Para Inácio, a direção espiritual é, antes de tudo, viver o exame de consciência, pressuposto essencial da vida espiritual. Esse exame tem duas grandes finalidades: a primeira diz respeito ao Sacramento da penitência: mesmo não sendo parte do sacramento, está na pré-celebração da penitência, meio pelo qual a pessoa examina seus pecados para depois apresentá-los e receber o perdão. A segunda finalidade do exame de consciência se refere exatamente a um exercício ascético particular, um exercício de ascese individual e metódico que permite ao homem tomar consciência de suas próprias faltas, tomar consciência de suas qualidades. Em outras palavras, o exame de consciência é um caminho ou um método que nos permite conhecer nossas virtudes e nossos defeitos. Para falar em uma linguagem mais moderna, o exame de consciência nos permite ser mais conhecedores e mais possuidores de nós mesmos.

Ele é uma prática recomendada por toda a tradição espiritual, por isso, para Santo Inácio, a direção espiritual tem forte ligação com a vida que se é examinada e reexaminada. Os exercícios espirituais são como um modo de examinar a consciência, dispondo-nos a tirar nossas afeições desordenadas e, depois de tirá-las, buscar encontrar a vontade de Deus (Exercícios Espirituais, n. 1).

O diretor espiritual, portanto, ajuda as pessoas a perceberem suas aspirações mais profundas, conscientes ou inconscientes, que levam ao distanciamento de Deus. Vale ressaltar aqui que as afeições desordenadas são obstáculos que nos impedem de fazer a vontade de Deus, fazem-nos evadir da presença de Deus, desviar-nos daquilo que Deus propõe. Dessa forma, vai ficando claro que direção espiritual, no contexto dos exercícios espirituais, é elevar através de um exame a consciência a fim de tirar dela toda e qualquer forma de evasão de Deus.

O diretor espiritual, de acordo com Santo Inácio, deve ser uma testemunha de vida, de Deus, deve ser um especialista de primeira linha na experiência de Deus, experienciado em Deus e capaz de pôr em prática os movimentos que vem de Deus.

4.4. A direção espiritual nos religiosos contemplativos: Teresa de Jesus e Francisco de Sales

Em Santa Teresa de Jesus, a compreensão da direção espiritual está vinculada ao grau de experiência de Deus que tanto o diretor quanto o dirigido tem. Se em Inácio, como vimos no tópico anterior, a direção espiritual está unida ao exame de consciência e ao testemunho de vida, em Teresa a direção espiritual está centrada, exatamente, na pessoa do diretor como aquele que deve ter uma experiência primeira de Deus. Para Teresa, a direção espiritual é marcada pelo desejo de Deus em nos conhecer e em nos amar. Esse desejo se une à convicção de que o Senhor está trabalhando na pessoa, pois é Ele quem escuta, é Ele quem acompanha.

São Francisco de Sales, por sua vez, talvez seja o autor mais importante para a direção espiritual. Isso pelo fato de que o elemento mais importante que dá esse lugar a ele é sua simplicidade e sabedoria. Lembremos que sabedoria está fortemente ligada ao sabor e saber com sabor.

São Francisco de Sales trata o diretor espiritual como um amigo, não um cúmplice, mas amigo. Fala de um diretor espiritual que respeita, que não é possessivo, mas que é, sobretudo, aberto ao Espírito Santo. Assim, o mais importante da direção espiritual, cujo período histórico está marcado entre os séculos XVI e XVII, é que ela se torna parte integrante dos instrumentos formativos da pessoa. Ela foi oferecida às estruturas religiosas com o objetivo de ajudar as pessoas a aprofundarem seu relacionamento com Deus, e para que fosse estendida a todos os cristãos. Assim, ela não é privilégio só dos seminários, conventos e presbitérios. Para Francisco de Sales, a direção espiritual é estendida a todos, reafirmando a união da direção espiritual com o sacramento da penitência, como nos apresentaram as ordens mendicantes.

Por meios pedagógicos, cada tradição de horizonte histórico até agora apresentada nos ensina que o principal na direção espiritual, no aconselhamento, como queiramos chamar, é dispor nossa vida para ser guiada pelo Espírito Santo de Deus, isto é, "experimentar uma fragilidade em nossa nudez, é se colocar na paz de Deus"[13].

[13] ATANÁSIO, Santo. *Vida de Santo Antão.* 1ª Ed. São Paulo: Santa Cruz, 2019, p. 53.

5

PEDAGOGIA DA DIREÇÃO ESPIRITUAL

Depois de abordamos o horizonte histórico da direção espiritual e alguns de seus expoentes, e percebermos, afinal, que por trás de toda direção espiritual destaca-se uma dimensão pedagógica, faz-se mister voltarmos nosso olhar a fundo sobre essa pedagogia, uma vez que ela diz respeito, antes de tudo, à abertura do coração a Deus por meio de um alcance pedagógico. Se a direção espiritual se insere dentro de um acompanhamento, como já afirmamos, logo esse acompanhamento necessita de uma pedagogia. Dessa forma, quando falamos em pedagogia, estamos falando de um saber qualificado e com qualidade, ou como já afirmamos: uma arte de aprender a viver com o objetivo de educar o ser humano. Assim, a direção espiritual, quando estudada de maneira científica, pede, em si mesma, uma perspectiva pedagógica.

Vale lembrar que a direção espiritual tem como base a pessoa humana. A partir disso podemos pensar em três grandes sujeitos implicadores na direção espiritual, como propõe Frei Patrício Sciadini[1]: Deus, a Igreja e o ser humano. Assim, quando falamos de pedagogia na direção espiritual, estamos falando do enfoque educativo: é um saber qualificado que tem como destino educar a pessoa[2].

Pedagogia é uma ciência que tem um objeto próprio de estudo bem como um método próprio. Além disso, a pedagogia é uma ciência que estuda as atividades do educador em vista de formar o homem ainda não formado. Podemos dizer, por essa razão, que pedagogia é, ao mesmo tempo, ciência e arte. Só assim podemos falar da arte da direção espiritual, uma vez que a direção espiritual é uma pedagogia e possui uma pedagogia própria. Como ciência a pedagogia é descritiva e como arte a pedagogia é normativa, afinal, os dois casos propõem o fim para o qual o homem deve ser educado e, ao mesmo tempo, indica os meios para se atingir a educação. Logo, direção espiritual é uma ciência porque é descritiva, e é arte porque é normativa, ou seja, propõe um caminho e indica os meios para o homem ser educado.

Poderíamos nos perguntar: existe diferença entre pedagogia e pedagogia cristã? Diríamos que a pedagogia cristã não pode ser vista fora dos paradigmas cristãos. A normativa e a parte descritiva da pedagogia cristã seguem sempre um modelo: Jesus Cristo. Ora, a pedagogia cristã é uma verdadeira pedagogia porque nela existe também os objetos, sujeitos, meios e métodos. Enquanto uma pedagogia dita geral não tem, em seu

---

[1] SCIANDINI, Frei Patrício. *A pedagogia da Direção Espiritual.* São Paulo: Loyola, 2006, p. 49.

[2] *Dizionario di Pastorale Vocazionale.* Roma: Editrice Rogate, 2002, p. 408.

bojo, um modelo fixo, não precisando passar pela experiência de Jesus Cristo.

No processo pedagógico, a educação é a primeira e a principal lei. Assim, não podemos falar de uma pedagogia da direção espiritual sem falarmos da educação espiritual. Vale nossa atenção aqui o conceito "educar". Para Cencini[3], educar significa, seguindo seu sentido etimológico, "trazer para fora" ou ainda levar a pessoa a um grau de consciência a fim de realizar ao máximo suas potencialidades. Educar, portanto, conduz ao pleno conhecimento e à realização de si mesmo.

Educar dói. Uma direção espiritual que não doa possuí uma fragilidade em sua pedagogia. Educar é levar a pessoa a tomar consciência de quem ela é e onde ela está, por um processo doloroso e cansativo. Vale-nos, como exemplo, para ilustrar esse pensamento, o livro "O mundo de Sofia" (2012), quando nos deparamos com a imagem do filósofo que está na base dos finos pelos de um coelho. Alguns sobem, caem e outros desistem, permanecendo na base, sugando o sangue do coelho. Outros são mais atrevidos: insistem em poder olhar nos olhos do grande coelho e descobrir quem são e onde estão. Esses são os filósofos. Podemos dizer que esses são aqueles que buscam saber quem são; essa é a imagem daquele que se deixa educar.

Assim, a direção espiritual, não é uma passividade extrema, mas um movimento que permite não nos acomodar. A direção espiritual nessa perspectiva pedagógica, tira-nos da mediocridade e do vitimismo, de só nos acostumarmos em receber, sem ter nenhuma persistência em alcançar um objetivo. Educar possui uma forte

[3] CENCINI, Amedeo. *I sentimenti Del Figlio: Il cammino formativo nella vocazione presbiterale e consacrata*. Bologna: EDB, 2005, p. 11.

ligação com a consciência, afinal, a direção espiritual é confrontar a própria consciência.

O conceito educar reclama, ainda, na perspectiva da pedagogia cristã, outro conceito: formar. Formar, conforme Cencini[4], diz respeito ao modelo preciso. Diz respeito a um modo ou a uma forma de ser do sujeito que ainda não a possui, ou seja, o eu ideal, quem quero ser. Formar diz respeito àquilo que progressivamente vou adquirindo: a forma de Cristo. Por esse motivo, a pedagogia da direção espiritual é a pedagogia cristã que propõe como o homem deve ser educado e indica os meios necessários para conseguir tal fim.

Nesse sentido, formação não é somente autorrealização, mas é, antes de tudo, autotranscender-se, ou seja, não é somente conhecimento de si ou conhecimento de nossas potencialidades, mas descoberta do novo, do que há de mais verdadeiro no próprio eu, é a descoberta de quem somos realmente, moldado conforme O ideal.

Aqui vale distinguir a diferença entre autorrealização e autotranscendência: a autorrealização completa e, ao mesmo tempo, harmoniza a realização das possibilidades que um indivíduo tem. Trata-se de um conceito bastante utilizado, porém pouco preciso em função da dificuldade que temos de explicar em que consistem nossas potencialidades e o que elas são. A autorrealização reflete, antes de tudo, uma visão otimista da pessoa; afirma que a pessoa não é um fim em si mesma. Ela é um conceito que destaca e pode ser um combustível para autorreferrencialidade, isso porque traz consigo uma visão otimista da pessoa.

---

[4] Ibid, p. 23.

A autotranscendência, por sua vez, é a superação do próprio eu em vista de valores transcendentes que assumo em minha vida, nesse caso o eu ideal. Assim, realização é conhecimento de si, enquanto autotranscendência é a descoberta de um novo eu; é descobrir verdadeiramente quem nós somos; é assumir os valores autotranscendentes em uma perspectiva de um eu ideal, que não consiste simplesmente na realização de nossas potencialidades, mas corresponde a um chamado que vem de Deus. É a convicção de que a pessoa se realiza como consequência de sua adesão a Deus. É partir do princípio de que temos que nos realizar a partir de nossa adesão a Deus.

Dessa forma, formar está intrinsecamente ligado ao valor ou à importância da autotranscendência. Assim, direção espiritual, em uma perspectiva de formação, não é somente apresentar perspectivas para sermos bajuladores de nós mesmos; não é somente conhecimento de si, de nossa humanidade e de nossas potencialidades, mas é a descoberta sempre de algo novo, é autotranscendência, isto é, viver em referência a Deus, que é o objeto frontal da direção espiritual.

Feito esse preâmbulo, situando-nos naquilo que é a pedagogia da direção espiritual, é muito importante que percebamos que formar é o objetivo final, isso é, quando nos parecermos com Ele. Formar, se é que podemos dizer, tem um acento escatológico que nos leva para o amanhã, voltados para Deus.

No que diz respeito ao acompanhamento vocacional, precisamos refletir melhor sobre um chamado à vida religiosa, consagrada, ao ministério presbiteral.

Na formação que a Igreja aplica aos futuros presbíteros de maneira particular, na vida religiosa consagrada, Jesus é sempre o elemento frontal. Toda ação pedagógica da Igreja é continuar a obra de Jesus: Ele é O centro de toda vocação. Ele é sempre a primeira dimensão, enquanto formar é sempre o segundo passo. Em outras palavras, preciso ser, em primeiro lugar, chamado; a formação só vem depois para aqueles que são chamados. O documento de Aparecida[5] apresenta um itinerário pedagógico formativo no que diz respeito ao acompanhamento vocacional, isso porque vocação é, antes de tudo, o itinerário formativo como discípulos e missionários de Jesus.

Para tanto, o documento nos apresenta alguns aspectos: o encontro com Jesus, a conversão, o discipulado, comunhão e a missão[6]. Todo o processo vocacional, ou porque não dizer discernimento vocacional, terá sempre, como primeiro paradigma, o encontro forte e pessoal com Jesus Cristo. Esse encontro não é simplesmente caracterizado por um aproximar-se dele fisicamente ou dividir o mesmo espaço, mas é, antes de tudo, um laço ontológico espiritual que o vocacionado ou a vocacionada tem com Jesus. Sem esse encontro, não há discernimento vocacional.

O segundo passo é a conversão: conversão é, antes de tudo, uma resposta de quem escutou o Senhor com admiração e gratidão, de quem creu nele pela ação do Espírito Santo e se volta para Ele, a fim de seguir seus passos e mudar sua forma de pensar e de viver. Sem esta segunda dimensão, pedagogicamente, não existe processo formativo, muito menos direção espiritual, porque a pessoa não mudou sua forma de ver o mundo e

[5] DOCUMENTO DE APARECIDA. Texto conclusivo da V Conferência Geral do Episcopado Latino-Americano e do Caribe. Brasília: Edições CNBB, 2008, n. 277.
[6] Ibid, n. 278.

não assumiu os valores autotranscendentes. Por isso temos a necessidade de uma conversão real e total, e não uma conversão cosmética. Pois a conversão realiza-se em gestos concretos. Conversão é realizar uma verdadeira vitória sobre si mesmo; implica uma mudança, e a mudança, evolução. E a evolução uma progressão[7].

É, pois, no terceiro aspecto que nasce o discípulo: "filho" do encontro e "filho" da conversão. Toda pedagogia da direção espiritual deve partir da ótica do discípulo ou do discipulado que deve, antes de tudo, buscar o amadurecimento de sua vida, sobretudo no amor a Jesus Cristo, seguindo seu exemplo e assumindo sua doutrina. Discípulo é aquele que segue, que vem atrás do mestre, que tem não somente nos pés seu grande instrumento, que o permite seguir ao Senhor, mas que tem nos movimentos da alma a necessidade de sempre caminhar atrás dele. O discípulo é aquele aprendiz; ser discípulo é, portanto, reconhecer quem é nosso mestre e lhe escutar.

O quarto aspecto é a comunhão. A pedagogia da direção espiritual é um processo de comunhão e não pode existir vida cristã fora da comunidade, fora da comunhão. Como os primeiros cristãos, que se reuniram em comunidade, aqueles que se deixam ser ajudados pela direção espiritual dão sinais de que encontram nos irmãos uma realidade de apoio, vivendo o amor de Cristo em uma vida fraterna e solidária.

Por fim, mas não menos importante, no processo pedagógico de formação da direção espiritual, está a evangelização, isto é: direção espiritual na perspectiva pedagógica é ouvir o apelo de Jesus Cristo à evangeli-

---

[7] BUSTILLO, François-Xavier Bustillo. *A vocação do padre perante as crises. Fidelidade criativa.* Coleção: Hodie-10, 2022, p. 27.

zação, à pastoral e à missão. Assim como os primeiros cristãos, não podemos deixar de ver a direção espiritual dentro do viés missionário. A missão deve acompanhar todo o processo pedagógico da direção espiritual permitindo e despertando a necessidade de compartilhar com os outros a alegria de ser enviado e de ir ao mundo para anunciar Jesus Cristo.

Portanto a direção espiritual não se encerra dentro de uma sala, mas, na perspectiva pedagógica, envia-nos ao mundo para anunciar a grande alegria de quem foi tocado, de quem conheceu a Jesus e quer que outros também o conheçam. É somente quando a pedagogia da direção espiritual é levada a sério que as pessoas se sentem chamadas por Jesus e desejam estar em comunhão com Ele. É a partir desse movimento que se inicia um processo de discernimento vocacional, tornando-se sujeito da direção espiritual.

Ora, não existe pedagogia da direção espiritual que não passe pela escola do encontro, da conversão, da comunhão e do discipulado. Não há, por isso mesmo, uma pedagogia da direção espiritual que parta somente de uma realidade da vida, mas a pedagogia da direção espiritual nos ensina a se debruçar sobre toda a vida da pessoa. Eis a importância de que a direção espiritual seja permanente, e não deve ser abandonada nem transcurada em nenhum momento da vida.

6

O DIRETOR ESPIRITUAL

No capítulo anterior, procuramos nos ater à janela da pedagogia na direção espiritual afirmando que a pedagogia diz respeito à educação do homem. Portanto, por trás de uma pedagogia existe uma antropologia que vai nos educando, ou seja, traz à luz aquilo que temos de melhor, pois a meta da vida cristã é a santidade, isto é, a autotranscendência, a capacidade que os homens têm de ir além de si. Nesse sentido, a autorrealização se torna o efeito colateral da autotranscendência.

Neste capítulo, debruçaremo-nos sobre a pessoa do diretor espiritual: quem é essa figura? Quais são suas qualidades? Qual a personalidade pedida a um diretor espiritual? Antes de tudo, o diretor espiritual é alguém que aceitou o encargo de ajudar as pessoas, que aceitou assumir um serviço sob a ótica do Espírito. Assim, o diretor espiritual é alguém que tem em seu serviço a finalidade do crescimento espiritual de outrem. Na perspectiva da autotranscendência, o diretor espiritual exerce uma função pedagógica de cunho espiritual.

Quando falamos de diretor espiritual nos vem à mente o próprio conceito de "diretor", ou seja, aquele que dirige e comanda alguma coisa ou alguém. Vale a pena ressaltar aqui o significado do diretor espiritual: "o nome do diretor espiritual não tem conotação de dirigir ou mandar, mas o acento aqui recai sobre o verbo ajudar, ou seja, ele é aquele que ajuda a encontrar uma direção que se busca"[1]. Assim, o significado de diretor espiritual não é mandatário da vida de ninguém, mas a palavra diretor é utilizada para dar sentido de direção. "Diretor espiritual, acompanhantes, conselheiros, como hoje se quer substituir, ainda que expressem muitas funções e qualidade, não conseguem preencher o todo do que significa direção espiritual"[2]. Afinal, essas mesmas designações podem ser encontradas entre os não crentes; podemos encontrá-las em um nível puramente profano. Assim, ao resgatarmos a palavra diretor, e após purificarmo-la do sentido que possuía de ser dona ou condutora indiscutível, acrescemos a ela um serviço que é importante, o serviço humilde que nos ajuda a encontrar a direção e ajuda ao mesmo tempo, realizá-la. Não existem outras designações que possam expressar tudo que esse termo representa. Ao partirmos desta escolha, podemos refletir quem é o diretor espiritual reconhecendo, antes de tudo, a importância desse termo atualmente.

Nesse sentido, o diretor espiritual, exercendo um trabalho pedagógico, torna-se um instrumento do Espírito Santo, pois busca junto à pessoa que está lhe pedindo ajuda descobrir e encontrar qual a vontade de Deus para sua vida. Para tanto, é importante que o diretor espiritual seja uma pessoa integrada. Porém, antes de falarmos das qualidades dele, precisamos tratar de sua

[1] MIRANDA, Tomás Rodrigues. *A direção espiritual: pastoral do acompanhamento espiritual*. São Paulo: Paulus, 2009, p. 67.
[2] Ibid, p. 68.

personalidade, mesmo que as duas aparentem faces da mesma moeda.

A integração é o patrimônio espiritual e humano essencial à pessoa do diretor espiritual, pois ele é um pedagogo espiritual, um mediador, um canal rico de qualidades humanas e espirituais. A pessoa do diretor espiritual precisa ter condições de estabelecer comunhão, a fim de poder ajudar a outra pessoa a trilhar seu próprio caminho, pois a direção espiritual acontece sempre em um âmbito de comunhão.

6.1. A personalidade do diretor espiritual

Vimos que o diretor espiritual é alguém que presta um serviço espiritual e humilde. Como já afirmamos, ele precisa ser uma pessoa integrada. Esse conceito requer que não seja uma pessoa imersa no caos, ou seja, na desorganização ou desestruturação da vida. Poderíamos tratar esse mesmo assunto pela perspectiva do dirigido ou do discípulo, como queiramos chamar: se o dirigido não tem uma vida integrada ou ao menos não a busca, qualquer movimento no âmbito formativo do acompanhamento desagrada-lhe-á. Eis um dos motivos pelos quais muitos abandonam a direção espiritual. Assim, o chamado à vida integrada é tanto para o diretor espiritual quanto para o dirigido.

Quando falamos em personalidade, podemos tomar para análise diversos significados, como: estilo de vida, sistema psicofísico, aquilo que diz respeito ainda a todo arcabouço que o sujeito constrói ao longo de sua vida. Não podemos falar de pessoa sem personalidade, afinal, personalidade é o modo como nos apresentamos. Porém, quando nos propomos a estudar a personalidade do diretor espiritual, não estamos cunhando para ele outra personalidade, pois, como vimos anteriormente, ele necessita ser integrado como qualquer outra pessoa. A personalidade e a identidade do diretor espiritual são caracterizadas por suas qualidades, isto é, chegamos à personalidade e à identidade do diretor espiritual quando contemplamos suas qualidades humanas e espirituais. Sua personalidade deve estar em unidade com sua identidade: a personalidade do diretor espiritual "deve ser a mais próxima possível de Jesus Cristo"[3]. Nesse sentido, é necessário que o diretor assuma, o mais próximo possível, a personalidade de Jesus, que passou a sua vida fazendo o bem e nos convidou a seguir-lhe.

Assim, o diretor espiritual não transmite sua própria verdade, não transmite seus medos e desejos. Por isso direção espiritual confronta a consciência para acordá-la. Para esse fim, o diretor espiritual tem em sua personalidade a função de capitão, que, como no texto bíblico de Jonas (cf. Jn 3), acorda-lhe de um sono letárgico, isso significa a ajuda que ele dá à pessoa para tomar consciência de sua verdade. O diretor espiritual precisa transmitir uma verdade com fidelidade e liberdade, pensando os pensamentos da Igreja, e, de maneira particular, pensando os pensamentos do Evangelho e sua melhor aplicabilidade. Assim, a personalidade de um diretor espiritual só pode ser percebida por suas qualidades. Ele deve ter minimamente estas qualidades: "capacidade de comunicação; empatia; preparo teológico e espiritual". A capacidade de comunicação faz com que ele olhe nos olhos mostrando sua capacidade de transmitir algo com eficácia, com paixão e verdade. A capa-

[3] SCIANDINI, Frei Patrício. *A pedagogia da Direção Espiritual.* São Paulo: Loyola, 2006, p. 93.

cidade empática o leva a se colocar no lugar do outro. Por fim, o preparo teológico e espiritual, ou seja, alguém que tenha conhecimento de outras ciências como a psicologia, a fim de identificar os movimentos primários de possíveis patologias, para um acompanhamento psicoespiritual. Podemos dizer ainda que o diretor espiritual, em sua capacidade teológica espiritual, deve possuir um conhecimento da antropologia, da sociologia, além de uma formação doutrinal segura.

6.2. Características do diretor espiritual

O que podemos esperar logo de início como característica do diretor espiritual é que este deve ser um místico de olhos abertos (João Batista Metici). Ele não é apenas aquele que nos escuta de olhos fechados, mas aquele que nos olha com os olhos da fé; ele precisa compreender muito e falar pouco, em outras palavras, deve ensinar mais com o testemunho do que com as palavras. Não pode ser manipulador nem se deixar manipular, o que requer dele uma personalidade firme.

Precisa possuir maturidade afetiva e um equilíbrio de personalidade; ter capacidade e ânimo de encorajar as pessoas a tomar decisões. Em sua personalidade, o diretor espiritual deve ter a oração como aspecto central de sua vida, ou seja, requer dele que tenha experiência espiritual de Deus, aquele que, antes de falar com Deus, fala de Deus. Do diretor espiritual, requer-se carisma e habilidade para o discernimento e para a autenticidade.

A tolerância é outra característica que deve estar presente na personalidade do diretor espiritual, uma vez que essa atitude não é a mesma coisa que ser condescendente com o que está errado, em uma linguagem popular, "passar a mão na cabeça". Ele deve ter a qualidade do respeito, ou seja, ver a pessoa como ela é, e ter consciência da individualidade daquela pessoa.

A motivação cristã não pode faltar na personalidade do diretor espiritual. Ele precisa ter claro que a direção espiritual não é apenas um acessório ou simplesmente uma autorrealização da pessoa, mas uma ajuda à autotranscendência, a seguir Jesus com maior eficácia. O diretor espiritual precisa ter ainda a capacidade de exercitar a paternidade espiritual: ele será pai na medida em que ele presta um serviço paternal, instrumental e mediador, pelo qual o próprio Deus faça a obra por meio de Seu Espírito. Por isso o diretor espiritual deve viver a paternidade no Espírito, isto é, ter a consciência de que o verdadeiro diretor espiritual é o Espírito Santo e que sua carne é apenas uma carne instrumental.

O diretor espiritual deve ser um educador pedagogo, alguém que conduz a pessoa por inteiro, ajudando a reconhecer o que se abre em sua vida, o que é essencial e o que ela precisa buscar. Deve ter boa intenção, pois, assim como o psicólogo e o psiquiatra tem acesso ao mais íntimo das pessoas, o diretor espiritual deve ter respeito pela terra sagrada em que pisa, a consciência.

Enfim, ele nunca deve se esquecer de que ele está ali para ajudar e não para se servir das confidências do dirigido em proveito próprio. Em outras palavras, o diretor espiritual está ali para o outro, por isso sua última qualidade deve ser "gostar de gente" e ter carinho pelas pessoas.

6.3. O diálogo na direção espiritual

Ligado à pedagogia da direção espiritual, após descobrirmos algumas qualidades do diretor espiritual, vale ressaltar uma característica essencial da direção espiritual: o diálogo que estabelece um laço ontológico com o dirigido.

O diálogo, na direção espiritual, corresponde às necessidades próprias dela. Porém como podemos organizá-lo? Primeiramente, no diálogo é preciso que o diretor espiritual ajude a pessoa a estabelecer metas, a fim de trilhar um caminho pedagógico que tenha ordem desde o início. Depois, o diretor e o dirigido precisam definir a duração e a frequência dos encontros: parece conveniente que a frequência seja semanal ou quinzenal, dependendo da necessidade da pessoa, até que, tendo um caminho trilhado, possa se dar intervalos de tempo maiores para que os encontros comecem a serem mensais. Assim, a frequência vai diminuindo de acordo com o progresso na vida espiritual. Para tanto, cabe ao dirigido a responsabilidade de saber quais os encargos de uma vida espiritual, do seguimento de Jesus Cristo; é conveniente que se estabeleça o dia, o horário, pois o horário não pode restringir os direitos da pessoa. Podemos dizer que, no início da direção espiritual, é necessário que se faça uma radiografia da vida espiritual da pessoa.

Tendo definido estes aspectos supracitados, a direção espiritual poderá, de fato, ter início. Podemos afirmar que ela começa no segundo encontro: a partir da experiência que aconteceu no primeiro com o diretor espiritual.

Para o diálogo, é necessário criar um ambiente de confiança, pois este aspecto não deve ser característico apenas do diretor, mas de todo o espaço que envolve o diálogo da direção espiritual, a fim de que se evite a inibição. Assim, todos os apontamentos ora listados devem ser levados em consideração para que a direção espiritual possa realizar seu objetivo, ou seja, encontrar o que Deus deseja do dirigido, atingindo, assim, o discernimento, objeto frontal da direção espiritual.

6.4. O discernimento

A etimologia da palavra discernimento está ligada à palavra escolher, separar. Para tanto, o discernimento acontece em três momentos essenciais: a preparação, que busca uma purificação interior ao ponto de reconhecer as próprias dificuldades; o segundo momento, que é o discernimento enquanto tal, visa a análise dos movimentos internos (consolação ou desolação); o terceiro momento é a confirmação do que foi discernido, é neste terceiro momento que ofereço a Deus aquilo que escolhi para que Ele confirme, de tal maneira, que a paz espiritual se firme cada vez mais com raízes profundas no coração.

O discernimento é a arte de compreender a si mesmo a partir dos olhos de Deus; é um conhecimento de si tendo como referência Deus. O discernimento é, ainda, a arte da vida espiritual pela qual compreendo como Deus se comunica com seus filhos. O discernimento, por fim, é a arte de evitar enganos ou ilusões; é decifrar a realidade de um modo verdadeiro. É a arte de vencer as miragens que se levantam em direção a nós.

Ele está fortemente ligado à purificação, que procura o conhecimento autêntico de si mesmo e de Deus. Esse conhecimento leva em consideração a história de vida de cada um, ou seja, arranca as ilusões da história do sujeito. O discernimento é ainda estritamente ligado ao *habitus*, ou seja, o hábito de permanecer em Cristo e em seu seguimento. Poderíamos dizer que o *habitus* é não viver a vida sem o discernimento.

Contudo, não se faz discernimento sozinho. Por isso mesmo, este não pode ser "feito com o travesseiro", uma vez que só se é possível realizar o discernimento a partir da ótica do discipulado e da paternidade espiritual. Por isso discernir é uma realidade que envolve o espírito: realidade que só fazemos com a faculdade que o espírito nos dá, ou seja, com os dons do Espírito Santo, tendo em vista que o discernimento espiritual é se deixar guiar por Jesus Cristo e seu Espírito.

Um termo muito conhecido, presente na origem do discernimento, é o discernimento dos espíritos. Este tem como objetivo e campo de atuação as situações do espírito, o lugar onde se encontram as tendências e inclinações que agem no homem. Assim, é preciso que distingamos tais espíritos em uma inspiração interna. O discernimento espiritual nos conduz à maturidade, uma vez que essa maturidade se manifesta na habilidade da direção espiritual.

Ao olharmos para o Evangelho, poderemos perceber que o discernimento é o próprio Jesus. O Novo Testamento nos apresenta o Nazareno como projeto essencial para o discernimento espiritual. Assim, o discernimento no Novo Testamento não é apresentado como uma reflexão jurídica-moral, mas é o reconhecimento da pessoa de Jesus em nossa vida.

Portanto, o discernimento não é apenas uma operação da inteligência. Antes de tudo, é a aceitação da vida sobrenatural da fé, com os dons do Espírito Santo, em cada pessoa humana. Em outras palavras, o discernimento não é realizado sem oração, tendo como fim nos levar a um pressuposto essencial, para que alcancemos a vontade de Deus para nossa vida.

7

ACONSELHAMENTO PASTORAL

Chegamos agora à segunda parte desta obra que discorrerá sobre o tema do aconselhamento pastoral. Dividiremos esse bloco em alguns subtópicos, para alcançar o máximo possível de reflexão e de estudo.

Tanto a direção espiritual quanto o aconselhamento pastoral fazem parte do acompanhamento pastoral: ambos são serviços da evangelização. O aconselhamento pastoral não pode ser compreendido fora do ligame da evangelização, por isso que aconselhamento pastoral não é terapia pastoral ou psicoterapia pastoral. Assim, desde logo, é importante que tenhamos isso com muita clareza: o aconselhamento pastoral só é compreendido dentro de um contexto de evangelização; só podemos compreendê-lo dentro da missão da Igreja.

Por mais que os conhecimentos psicológicos sejam necessários e importantes para o bom desenvolvimento desta prática eclesial, o objetivo do aconselhamento pastoral é ajudar as pessoas, ou melhor dizendo, um dos grandes objetivos é ajudar as pessoas a crescerem no amor a Deus e no amor ao próximo, passando por um processo de autoconhecimento e de enfrentamento de decisões e situações que a vida acaba impondo.

Podemos, erroneamente, pensar que aconselhamento pastoral e direção espiritual são uma e a mesma coisa. Dessa maneira, faz-se necessário diferenciarmos as duas faces. Vimos que direção espiritual é uma ajuda que um cristão dá a outro cristão, tendo como fim encontrar qual é a vontade de Deus para sua própria vida.

Direção espiritual e aconselhamento pastoral são duas realidades muito próximas. Duas realidades muito similares, porém uma não é a outra. Nesse sentido, a direção espiritual abre um leque ainda maior: é um processo sempre conduzido pelo Espírito Santo, enquanto o aconselhamento pastoral é basicamente um método de cura para ajudar as pessoas a lidarem com seus problemas, com suas crises, de forma mais conducente.

O aconselhamento pastoral é um método que ajuda as pessoas no crescimento e, ao mesmo tempo, ajuda-lhes também a experimentar a cura naquelas realidades que estão quebradas. O aconselhamento pastoral é, portanto, uma função reparadora, ajudando a pessoa a lidar com suas crises ou com seus bloqueios. Nesse sentido, o aconselhamento pastoral, geralmente, acontece em prazos curtos, em tempos de graves crises ou situações emergenciais.

Sendo assim, aconselhamento pastoral não é a mesma coisa que direção espiritual, pois esta não é um método. O aconselhamento pastoral lida com os problemas e com as crises, ou seja, lida com as soluções dos problemas. Enquanto a direção espiritual é um acompanhamento por toda a vida.

O aconselhamento pastoral pode acontecer em uma, duas, três, no máximo quatro conversas ou quatro diálogos, tendo por finalidade ajudar a pessoa a resolver aquela situação, ajudá-la a tomar decisões, enfrentar suas perdas. Ele se distingue também da psicoterapia, por mais que seja necessário o mínimo de formação psicológica. Assim como para a direção espiritual, o aconselhamento pastoral não é psicoterapia, pois além de seu objetivo específico pela atenção que dedica às pessoas essencialmente normais, mesmo que abaladas por graves dificuldades, ou por crises religiosas existenciais, o aconselhamento pastoral é motivado no plano teológico e não no plano psicológico.

O aconselhamento pastoral é um serviço eclesial, por isso é um compromisso que se estabelece com a salvação do homem presente e, ao mesmo tempo, a sua salvação futura. Refere-se a afirmações teológicas sobre a redenção, por exemplo, sobre a libertação do homem, o conhecimento e a experiência de Deus.

Quando olhamos para o aconselhamento pastoral, olhamos, antes de tudo, para uma dimensão que se desenvolve exclusivamente dentro da esfera religiosa. O aconselhamento pastoral não acontece fora deste âmbito, isto é, o conceito mesmo de aconselhamento pastoral se refere a um acompanhamento religioso. Por isso possui um tripé, uma base onde ele se sustenta. É trabalhado com o crescimento das relações interpessoais, ou seja, ajuda as pessoas no processo de aceitação e de convivência com os outros. Ele tem o papel de ajudar no processo de relação com Deus. Depois ajuda as pessoas a perceberem que Deus é o seu agente primeiro de cura.

Outra dimensão que se deve levar em consideração neste estudo é o fato de que o aconselhamento pastoral se desenvolve sempre em um contexto de amor e de aceitação incondicional. Suas bases vêm exatamente da tradição Cristã e seus agentes podem ser os sacerdotes, como também toda pessoa preparada para tal finalidade.

O aconselhamento pastoral chegou a nós, católicos, por meio do viés protestante, aliás, é muito mais desenvolvido em outras igrejas cristãs do que na Igreja católica. Isso se dá pelo fato de que, em outras igrejas cristãs, não existe Direção Espiritual.

Quando trazemos o aconselhamento pastoral para o âmbito da Igreja católica, nós vemos bem a diferença, pois, um não é o outro, mas aconselhamento pastoral e direção espiritual podem conviver muito bem juntos, podem caminhar juntos, podem haurir ou ajudar um ao outro. Em muitas situações do acompanhamento pastoral, nós não temos, às vezes por questões meramente práticas, condições de fazer a direção, mas sim o aconselhamento pastoral, segundo a prática pastoral da Igreja católica. Um exemplo para ilustrar tal situação são os atendimentos que se prestam durante o sacramento da Penitência: muitas vezes pessoas não vêm em busca do sacramento em si, mas de conselhos para resolver um problema determinado.

Podemos dizer, então, que o aconselhamento pastoral tem sua matéria nos problemas trazidos pelo sujeito. Por isso é de suma importância que consigamos entender esta pessoa, ou seja, o sujeito a que é prestado o acompanhamento pastoral, e saber de fato qual é seu problema para poder ajudá-lo a resolver.

O aconselhamento pastoral é uma ajuda mais diretiva, centrada na pessoa e não nas estruturas. Digamos que o aconselhamento pastoral, se pudéssemos usar uma imagem aqui um pouco mais exagerada, é como uma espécie de "pronto-socorro", onde as pessoas correm em busca de um alívio para uma situação que estão passando. Por isso o aconselhamento pastoral não acontece em encontros longos, mas com acompanhamentos mais rápidos.

7.1. A arte de pastorear

Como afirmamos acima, é um serviço muito mais desenvolvido em outras igrejas cristãs, pois essas veem o aconselhamento pastoral como parte daquilo que na igreja protestante se chama *poiêmica*, que significa ajuda, ação, acompanhamento: é a ação do pastor, que nós chamamos, na Igreja católica, de pastoral. Então, o aconselhamento pastoral é sempre uma parte dessa *poiêmica* ou, melhor dizendo, dessa ação.

Por isso aconselhamento pastoral é um serviço do pastor: é o pastor que deve ajudar, acompanhar e proteger. É a imagem bem clara de Jesus, o Bom Pastor, que cuida das ovelhas. Quando uma ovelha se machuca, Ele a leva no ombro, quando uma se perde, Ele vai à procura desta que se perdeu.

> Vede! Eu mesmo vou procurar minhas ovelhas e tomar conta deles. Como o pastor toma conta do rebanho de dia, quando se encontra no meio das ovelhas dispersas, assim vou cuidas de minhas ovelhas e vou resgatá-las de todos os lugares em que foram dispersadas num dia de nuvens e escuridão. Vou procurar a ove-

lha perdida, reconduzir a extraviada, enfaixar a da perna quebrada, fortalecer a doente (cf. Ez 34, 11-12).

Sendo assim, o aconselhamento pastoral é um serviço pastoral que precisa ser feito, com qualidade. Precisa ser prestado com agilidade e com amor. Se isso não acontece, não prestamos um serviço de pastor.

Aconselhamento pastoral diz respeito a esse acompanhamento do pastor, que devemos fazer a todo momento. Ele pede uma formação séria, sobretudo daqueles que se preparam para o serviço mais direto na pastoral, como sacerdotes ou outros ministros ordenados. Pede uma formação séria e, ao mesmo tempo, de qualidade, para ajudar as pessoas a solucionarem ou a resolverem seus problemas. Serve, portanto, para prestar um serviço de médico, que ajuda no processo de cura das pessoas.

Quantas questões virão, sobretudo para aqueles que assumirão o cuidado pastoral de paróquias: "padre, preciso de um conselho!"; "Preciso de uma orientação de sua parte!"; "Como posso agir diante desta situação?"; "Como posso integrar esta realidade?"

7.2. A integração: palavra-chave no aconselhamento pastoral

A palavra-chave do aconselhamento pastoral é integração: ajudar a pessoa a se integrar com ela mesma, com a comunidade, com sua família, integrar-se com Deus. Nesse processo de integração as pessoas chegam sempre divididas, separadas. Aí entra a disposição para o serviço do aconselhamento pastoral. O aconselhamento pastoral acontece de maneira a levar as pessoas, antes de tudo, a sentirem-se entendidas.

Quando alguém apresenta a nós uma situação, é necessário que nós deixemos que a pessoa fale, para depois dar a ela uma resposta. Então se a palavra-chave é a integração, pede-se também do conselheiro que também seja uma pessoa integrada. É de suma importância que nós não confundamos o conselho pastoral, que nós não confundamos o conselheiro com aquela frase vulgar que as pessoas dizem: "Se conselho fosse bom, não se dava, vendia-se". Não é simplesmente interferir na vida das pessoas.

7.3. Aconselhamento pastoral: ação

O aconselhamento pastoral é, repito, um serviço de evangelização, do pastor, é uma ação de acompanhamento para ajudar as pessoas a assumirem sua vida, a tomarem as decisões e não tomar a decisão por elas. Então, o conselho aqui não é determinar a vida dos outros, mas sim ajudar. Em outras palavras, significa ação a tomar. Não necessariamente o conselheiro terá de dizer alguma coisa. Por isso diria que uma das primeiras e grandes leis do aconselhamento pastoral, e isso serve para toda ação pastoral, é que nós devemos ser rígidos demais com nós mesmos: não estamos na pastoral para resolver os problemas dos outros. Não temos de resolver os problemas dos outros. O papel do aconselhamento pastoral é ajudar as pessoas a resolverem seus problemas, por isso ser conselheiro não é ter uma receita pronta, não é saber tudo. Eu não tenho de resolver os problemas, porque eu não consigo resolver os problemas de todo mundo. Mas eu posso ajudar as pessoas, por meio de um, dois, três ou quatro diálogos.

O aconselhamento pastoral é, também, um serviço de escuta e que, por isso mesmo, não pode ser confundido com a chamada pastoral da escuta. Ele pode muito bem entrar dentro da pastoral da escuta, mas o aconselhamento pastoral - é importante repetir - é, antes de tudo, reponsabilidade do pastor, do sacerdote. Isso não significa que outras pessoas não possam fazê-lo. Na pastoral da escuta, as pessoas que estão ali escutam e trazem depois as situações para o sacerdote.

O aconselhamento pastoral não acontece simplesmente dentro da igreja onde várias pessoas ficam sentadas: não fico procurando as pessoas, são elas que procuram; o conselheiro não deve ficar se apresentando, oferecendo esse serviço, basta que saibam que este serviço existe e que as pessoas podem usufruí-lo. Então, aconselhamento pastoral é um serviço de escuta e, em segundo lugar, um serviço da palavra. A centralidade é sempre levar a pessoa a um maior relacionamento com Deus.

O conhecimento psicológico é importante, o conhecimento teológico é importante, o conhecimento espiritual é importante, pois o que sustenta o chamado aconselhamento pastoral é a psicoteologia, isto é, a junção da reflexão ou do estudo psicológico, mesclado aos elementos do estudo da Teologia. Duas ciências unidas, que formam a base de todo o acompanhamento pastoral.

Precisamos lembrar que a psicologia é o estudo da alma e a recordação primeira que devemos nos ater. Quando falamos de psicoteologia, é necessário recordar que a psicologia tem sua matriz na espiritualidade. Ela nasceu nesse âmbito, e estes não eram dissociáveis. Tendo posto que Psicologia é o estudo da alma, da psique, enquanto a Teologia é o estudo de Deus, o aconselhamento pastoral deve olhar aquele problema apresentado pelo sujeito não somente psicológico, mas também teológico. Dessa maneira, podemos encontrar formas e meios, junto da pessoa, ajudando-a a achar uma solução, uma maneira de sair daquela situação.

7.4. Acenos ao aconselhamento pastoral na prática de Jesus Cristo

Como acenamos no início, o aconselhamento pastoral, mesmo sendo uma prática herdada do protestantismo e que remonta à própria Sagrada Escritura, é uma prática já sinalizada por Jesus de Nazaré. Szentmártoni, um dos grandes psicólogos da Pontifícia Universidade Gregoriana de Roma, em seu livro chamado Caminhar Juntos[1], afirma que Jesus já dá exemplos de aconselhamento pastoral. Um exemplo disso é o diálogo de Jesus com Nicodemos (cf. Jo 3,3), e tantas outras situações através das quais vamos percebendo que o aconselhamento pastoral era uma prática que o próprio Senhor já desenvolvia.

Jesus nos dá o exemplo do aconselhamento pastoral no diálogo com a mulher pecadora. "Por que eles estão te condenando? Eu não te condeno!" (cf. Jo 4,1-43). Outro exemplo é o encontro de Jesus com a mulher hemorrágica que não diz uma palavra sequer (cf. Mc 5,24-34). Então, aconselhamento pastoral está nesse âmbito da cura, de ajudar as pessoas a curarem suas feridas e responder questões prementes, existenciais.

Diante disso, como fazemos uma abordagem? Como ajudar aquela pessoa a resolver seu problema? Muitas vezes ficamos 3 ou 4 horas com aquela pessoa, tentando

[1] SZENTMÁRTONI, Mihály. *Caminhar juntos: Psicologia pastoral.* São Paulo: Loyola, 2006, p. 40.

resolver no mesmo dia aquele problema, e saímos cansados, sem ajudar. Com um mínimo de organização de três ou quatro encontros, espaçados, podemos ajudar a pessoa a resolver aquele problema que a está marcando, ou aquela situação que a está sufocando.

7.5. O diálogo no aconselhamento pastoral

O aconselhamento pastoral nos coloca diante de uma grande urgência de nosso tempo, por isso mesmo, o número de pessoas que buscam esse serviço tem aumentado, por uma série de razões que a sociedade nos impõe ou nos apresenta, em tantas e tantas realidades. Mostrando que cada vez mais esse serviço precisa ser prestado com qualidade e eficiência.

Esse é um serviço que não está preso única e exclusivamente aos ambientes religiosos, isto é, às igrejas, mas pode acontecer também em outras realidades, em outros ambientes. O serviço do aconselhamento pastoral é, antes de tudo, uma atividade que marca aquilo que é essencial: como nós nos relacionamos. O aconselhador, ou melhor dizendo, o conselheiro pastoral, deve ser alguém que consegue estabelecer relações interpessoais sadias, pois as relações interpessoais são o elemento essencial nesse processo de ajuda, é daí que surge um dos grandes instrumentos para isso: o diálogo.

Como esse aconselhamento pastoral se desenvolve? Como que acontece? É por meio do diálogo, um, dois, três ou quatro; da conversa, acontece por meio de encontros e, nesses encontros, preciso de fato encontrar a pessoa, preciso me deixar tocar e alcançar pela pessoa.

Tal diálogo nos lembra, exatamente, a palavra compartilhada. É uma conversa a dois ou a três, por isso que o aconselhamento pastoral pode acontecer entre duas pessoas, podendo acontecer também em grupos. O diálogo assume um lugar central no aconselhamento pastoral, e deste diálogo podemos tirar grandes proveitos para a direção espiritual.

Precisamos, antes de tudo, definir o que é o diálogo e o que não é o diálogo. Ora, o diálogo não é entrevista, pois o que é uma entrevista? O entrevistador tem a função de, por meio de perguntas, muitas vezes perguntas prontas, obter as respostas que lhe interessam, necessitando ter informações, e, dessa maneira, suas perguntas são diretas. Essa entrevista pode acontecer em diversas situações, quando muitas vezes a pessoa chega para o encontro e o entrevistador pergunta: "Você é de onde?" "Você nasceu onde?" "Quantos anos você tem?" "Você mora com quem?" "Qual é sua estatura?" "Quais são os livros que você lê?" "Que horas você acorda?" "O que você faz no final de semana?" Isso é uma entrevista. O entrevistador tem um objetivo: conhecer a vida de seu entrevistado. Então, isso não é diálogo.

Diálogo não é conversa. Conversa pode acontecer entre duas ou três pessoas sem ter um tema específico; a conversa é solta. Logo, a conversa não é um diálogo. Conversa é um fala, o outro fala, não importa se eu escutei ou não, às vezes eu viajo um pouco, eu cochilo um pouco, depois volto. Assim, a conversa não gira em torno de um tema específico, pode perpassar diversas situações, pode ir para diversos elementos. É importante perceber que o diálogo é o instrumental primeiro do aconselhamento pastoral, o meio pelo qual nos aproximamos da outra pessoa.

Diálogo também não é monólogo, isto é, um fala e o outro escuta. Um diz e o outro abaixa a cabeça. No monólogo, um é superior e o outro inferior, não há diálogo. Muitas vezes nossas rodas de conversas são monólogos, e não conversas, isso porque não deixamos os outros falarem. Não tem receptor, ou seja, aquele que está me escutando não me interessa, sendo o protagonista o emissor, aquele que fala[2].

O diálogo também não é discussão, que tem como sentido a rivalidade, que divide e separa. Por isso a discussão é caracterizada por um clima de rivalidade, defesa e é acompanhada por elementos passionais e, ao mesmo tempo, por interesses, por assim dizer[3].

Poderíamos ainda continuar listando tantos outros exemplos do que não se referem ao diálogo, particularmente no âmbito do que estamos falando, porém é necessário que agora definamos o que de fato ele é. Não é fácil falar do que é o diálogo, pois é um conceito complexo, envolvendo uma série de situações e apelos. Poderíamos dizer, em primeiro lugar, que o diálogo é uma comunicação interpessoal, que leva em consideração, por isso mesmo, a relação. Então, diálogo é uma comunicação entre pessoas.

Essa comunicação entre pessoas nos leva, portanto, a perguntar: o que é comunicação? Ora, comunicação diz respeito, antes de tudo, à passagem de uma informação, significa a codivisão, colocar em comunhão uma informação. Assim, se é uma comunicação interpessoal, portanto, é uma passagem de informação. Nesse sentido, a comunicação diz respeito a uma espécie de *feedback*. Ao mesmo tempo que eu comunico, que eu condivido essa realidade, que eu partilho uma informa-

---

[2] SZENTMÁRTONI, Mihály. *Caminhar juntos: Psicologia pastoral.* São Paulo: Loyola, 2006, p. 41.

[3] Ibid, p. 41.

ção, recebo também um retorno, um *feedback*. Por isso que o diálogo ou a comunicação interpessoal, isto é, codivisão, é colocar em comunhão uma informação.

Quando o diálogo acontece como uma exigência imediata de uma intercomunicação das pessoas, coloca-nos diante da vida do outro como um dom, como um presente de Deus. Em outras palavras, o diálogo nos coloca diante do outro como elemento de comunhão. Por isso, no ambiente pastoral, eclesial, no ambiente de formação, o diálogo se faz indispensável, pois é capaz de exercer um contato direto e decisivo. O diálogo leva em consideração a própria maturidade humana: é um convite a um encontro autêntico, fruto de um processo de integração pessoal. Enfim, diz respeito ao estilo de vida, a nossa personalidade, a um "ser para" e um "ser com", e então um "ser para os outros" e um "ser com os outros". Exatamente distinguido pelo que eu dou e recebo.

Não somente eu emito, mas também recebo. Não somente eu ajudo, mas eu também sou ajudado. Digamos que o diálogo é sempre uma via de mão dupla ou um movimento constante de ir e de voltar. O diálogo é uma das afirmações mais belas da experiência de comunhão, uma participação sempre plena na vida do outro. Por isso o diálogo é essencial neste caminho que nós chamamos de aconselhamento pastoral.

Ora, o diálogo permite ainda que nós saiamos de nós mesmos, que nós nos disponibilizemos. Um dos grandes sinônimos do aconselhamento pastoral: disponibilidade. Quem hoje está disponível para escutar? Onde é que eu posso encontrar alguém disponível para me escutar? Ao mesmo tempo, diálogo é um chamado com uma causa: somos chamados a também nos responsabilizar pelo destino do outro, pela vida do outro. Diálogo, portanto, diz respeito à generosidade, à gratuidade: o diálogo é generoso, é gratuito. Diálogo é, portanto, abrir-se e se deixar revelar, é crer, é passar confiança. O diálogo é, antes de tudo, amar.

O diálogo é ser presente. Quão importante é saber que não estamos sozinhos. Ser presença na vida do outro significa "prepare-se para ser presente e não um ausente", ser pastor. Diálogo é uma aventura humana, por isso mesmo o empenho do aconselhamento pastoral é um empenho humano e espiritual. Eis pois, caríssimos, um elemento central que abre as portas daquilo que vem a ser o aconselhamento pastoral.

Por fim, o diálogo nunca é casual, ou seja, não acontece ao acaso, mas é um encontro. Desta forma, o aconselhamento pastoral significa o encontro entre duas pessoas por meio do qual uma expõe a situação que uma vive e a outra escuta tem o objetivo de esclarecer a situação ora apresentada. Neste sentido, duas coisas são necessárias no aconselhamento pastoral: a disponibilidade e o profissionalismo. Estar disponível para escutar o outro e, ao mesmo tempo, prestar um serviço com qualidade.

O diálogo assume um lugar importante no aconselhamento, uma vez que ele é o reflexo de um verdadeiro encontro. Assim, é de suma importância que tenhamos pessoas bem preparadas para o diálogo, pessoas preparadas para escutar e para falar, preparadas para o aconselhamento, pois isso pode, sobretudo, ser de grande valia em nossas comunidades. O significado do diálogo é a ajuda, porque duas pessoas se encontram a fim de encontrar ajuda.

8

COUNSELING

O *counseling* pode dar qualidade e eficiência ao aconselhamento pastoral, bem como à direção espiritual, colaborando para que o conselheiro ou o diretor espiritual se coloque ao lado da pessoa ou de seu dirigido, quando assim nos referirmos à direção espiritual.

O *counseling* é um encontro a dois pelo qual, através do diálogo, estabelece-se uma relação interpessoal. Neste sentido, criam-se as condições últimas para aliviar o peso das preocupações e das dores. Esse encontro a dois favorece a partilha, e o encontro de um escutador atento, sensível e partícipe com um sujeito cheio de dores e dúvidas é o protagonista do *counseling* e do aconselhamento pastoral. Se, na direção espiritual, o protagonista era o Espírito, no *counseling*, o protagonista é a pessoa, que, pedindo ajuda, é levada a perceber os novos horizontes e as diversas soluções possíveis para seus problemas.

O *counseling* é uma profissão de ajuda. Por isso essa ferramenta pode ser muito bem utilizada no aconselhamento pastoral, uma vez que ele é uma arte que pode ser aprendida e ajuda o sujeito a conhecer-se a si próprio, não se limitando a simplesmente descobrir o que não funciona para ele. Eis, pois, a meta de todo acompanhamento pastoral, seja ele na direção espiritual ou no aconselhamento pastoral: ajudar as pessoas a tomar uma decisão e a ter clareza em relação a si mesmas em decisões de mudança.

Para tanto, o diretor espiritual ou o conselheiro, ao utilizarem a ferramenta do *counseling*, precisam de uma preparação técnica, sobretudo pessoal, pois o *counseling* e, consequentemente, a direção espiritual e o aconselhamento pastoral não são somente técnicas.

Todo processo de crescimento humano e espiritual é vivido, sobretudo, de uma escuta ativa. Assim, falar do *counseling* no acompanhamento pastoral é apresentar um encontro a dois, da qualidade de um diálogo e de um escutador. Portanto, a primeira característica neste processo de acompanhamento é o desenvolvimento de uma escuta ativa.

A escuta ativa é uma que desce do cérebro ao coração, dos ouvidos ao coração, e ali é acolhida, contemplada e vivida em um estado de silêncio constante. A escuta ativa é contrária à escuta passiva, uma vez que a segunda é uma escuta em que fico longe daquilo que estou recebendo. Nela, o que escutamos não chega ao coração. A escuta ativa, por sua vez, é o elemento necessário que nos leva, antes de tudo, a contemplar e silenciar, com a alma e com o coração, diante daquilo que nos é falado. Somente assim podemos escutar com atenção: escuta ativa é escutar com atenção as mensagens verbais e as não verbais. Assim, o conselheiro ou o diretor espiritual não só observa as mensagens não verbais, mas escuta as mensagens verbais. Quantas vezes sentimos que não estamos sendo escutados ativamente?

Ela é a escuta de todas as mensagens, sejam elas verbais ou não verbais. É também por isso que o aconselhamento e a direção espiritual precisam ser presenciais: preciso escutar com o ouvido e com os olhos. Os olhos, na perspectiva da escuta ativa, também escutam: escutamos com os ouvidos e com os olhos. Escuta ativa é a escuta com atenção de todas as mensagens verbais e não verbais, buscando compreender aquilo que a pessoa diz de fato e como ela não diz. Assim, é preciso ter atenção à escuta das mensagens verbais e não verbais: muitas vezes verbalizo uma coisa, os sinais da mensagem que dou são de tal modo, mas os sinais que meu corpo dá são de outros modos. Portanto a escuta ativa tem como finalidade compreender o que a pessoa está dizendo e, muitas vezes, o que ela não está dizendo. Ora, o aconselhamento pastoral a partir do *counseling* é uma relação pautada no respeito. É uma relação sem invasões, pois cabe, antes de tudo, respeito pela pessoa que está sendo ajudada. Cada pessoa é diferente uma da outra, cada uma traz consigo algo que é novo, que não existia, algo único e sério.

Contudo, para que o aconselhamento pastoral a partir do *counseling* possa ter êxito, é preciso que alguns fatores sejam observados: a preparação do ambiente externo, a preparação do ambiente interno, prestar atenção, observar, responder e o tempo.

A preparação do ambiente externo (PAE) tem relação com o local do atendimento, isto é, o espaço físico onde se dará o aconselhamento. Este local não pode ser simplesmente subaproveitado ou improvisado, mas deve ser previamente preparado e organizado, tendo em vista que este nunca é neutro e emite mensagens para as pessoas que são ajudadas. O espaço do aconselhamento não deve se dar dentro da Igreja, em um banco, sentado de lado, como tantas vezes acontece, mas em um espaço que garanta a confiabilidade. Esse espaço físico diz respeito à decoração que desencadeia no sujeito sentimentos de esperança ou de acolhimento, e não de preocupação ou medo. A decoração se torna extremamente reveladora para a pessoa que está sendo ajudada. Neste sentido, devemos levar em consideração as cores, o modo em que estas são utilizadas; a disposição dos móveis, sobretudo das cadeiras, que devem ser posicionadas de frente uma para outra ou na diagonal, sendo que a proximidade entre elas diminui os abismos que possam surgir durante os encontros. Essa disposição faz com que o dirigido não se recorde de um homem de negócios e seus subordinados.

A preparação do ambiente interno (PAI) visa o cuidado que aquele que vai ajudar deve ter consigo mesmo, isto é, suas condições físicas, emocionais, intelectuais, sua capacidade de compensação ou descompensação. De maneira especial, é preciso preparar suas emoções, sendo que tudo que trazemos dentro de nós pode influenciar, positiva ou negativamente, o serviço de ajuda que vamos prestar. Essa ajuda precisa se caracterizar por tudo que somos e sabemos de nós: conhecimentos, valores, cultura, experiência de vida, fé, intuição, dons naturais, autoconfiança, equilíbrio, a fim de que a pessoa que vem pedir ajuda encontre e perceba que essas características fazem dela o centro das atenções[1], ou seja, ali ela poderá ser compreendida, respeitada e ajudada. Esse respeito e essa compreensão são demonstrados em relação de seus pensamentos e sentimentos.

Comunicamos essa postura de acolhida e disponibilidade por nossa postura corporal e visual, por nossa fisionomia receptiva concentrando-nos naquilo que a pessoa está comunicando, evitando atividades simultâneas, como, por exemplo: mexer com objetos (caneta, lápis), fumar, olhar para o relógio (colocar o relógio em um ponto estratégico), mas fazendo uso de assentimentos com a cabeça, a fim de que o outro perceba seu interesse em ajudá-lo. Ora, tudo isso só é possível se o ambiente interno estiver equilibrado, se meu ambiente interno estiver harmonizado. Eis a importância de se preparar internamente para o atendimento.

Em outras palavras, é, antes de tudo, colocarmo-nos diante de nós mesmos para que nossos sentimentos e nossas emoções não atrapalhem o outro. A preparação do ambiente interno resultará, sobretudo, naquilo que nós não devemos fazer: falar de nossos exemplos.

Prestar atenção é o terceiro fator a ser observado: no aconselhamento existe uma pré-condição necessária: prestar atenção. Ora, essa dimensão se faz necessária, pois coloca a pessoa que precisa ser ajudada em uma posição mais confortável. A habilidade inclui o fato da pessoa que ajuda dever estar atenta à pessoa que pede ajuda. Isto é, portanto, um sinal da relação interpessoal entre aquele que pede ajuda e aquele que ajuda. Sem prestar atenção, eu não escuto, sem escutar não poderei responder às súplicas da pessoa. Prestar atenção é dizer

[1] Tudo que é dito aqui vale como instrumento para a direção espiritual.

à pessoa: "eu estou aqui por você!", "este momento é seu". Por fim, prestar atenção é se voltar para a pessoa.

O quarto fator é preparar a atenção. Ora, enquanto o ajudador presta atenção, prepara-se para escutar e sentir a outra pessoa. Preparar-se para a atenção é preparar para se comunicar e contatar a respeito de como e onde encontrar-se-ão. Essa comunicação é encorajadora, fornecendo motivação para nos envolver.

Após esses passos que estabelecem uma melhor relação de ajuda, é preciso preparo para escutar, para que possa se desenvolver o quinto fato: observar. A observação é, sobretudo, o movimento do olhar para compreender os signos não verbais. Assim, é preciso que se observe o movimento do corpo, as expressões, a higiene pessoal, a postura corporal. É, pois, pela observação das expressões faciais, por exemplo, que se pode perceber os sentimentos e a coerência do comportamento da pessoa que está pedindo ajuda. Por isso é importante que aquele que ajuda, ao observar, antes observe-se a si mesmo, para que depois possa observar o outro, para que possa chegar ao elemento principal, à resposta.

Responder, aqui, é a capacidade de explorar aquilo que foi dito dentro do processo de escuta ativa, cuja finalidade é entender o que a pessoa diz para responder a esse conteúdo. Assim, quando respondemos, nós estamos dizendo à pessoa que estamos entendendo o que ela está sentindo. Significa que responder é lançar luzes onde há escuridão, ajudando a pessoa a explorá-la.

Quanto ao tempo, deve se ter em mente que ele é importante no sentido da valorização e demonstração do interesse pela pessoa, devendo ser previamente combinado. Insisto: não é o aconselhamento pastoral um encontro casual. Deve se combinar a hora do encontro que seja de comum acordo para as duas partes, bem como a duração do diálogo, que não deverá ultrapassar quarenta e cinco minutos, no máximo uma hora. Assim, o tempo destinado ao diálogo não deverá ser interrompido por situações externas: o tempo deve estar a favor daquela situação e momento, principalmente daquele que pede ajuda. Enfim, quando o aconselhador adquire a capacidade de fazer uma verdadeira exploração, tanto de si mesmo quanto na ajuda a outras pessoas para encontrar a raiz de seus problemas, chegamos ao objeto central do aconselhamento pastoral: ajudar as pessoas em seu processo de autoconhecimento.

Portanto o aconselhamento pastoral tem no *counseling* uma ferramenta de enorme importância, que nos leva a perceber que é necessária organização, metodologia e pedagogia no acompanhamento. Se antes dizíamos que o tempo é de suma importância, é necessário, assim, que três momentos estejam interligados: o antes, durante e depois. O antes, no aconselhamento pastoral, deve ser o movimento de saída do que estou fazendo a fim de que me volte para a pessoa que vou atender. O durante é exatamente o elemento que outrora citamos. O depois é o oferecimento de tudo aquilo a Deus: se antes houve uma preparação espiritual, agora ofereço a vida e a situação daquela pessoa a Deus.

9

A ARTE DE AJUDAR

A habilidade de ajuda é uma arte, ou seja, um instrumental que se adquire. Esse instrumental tem como elemento central a capacidade de dar atenção aos outros, tanto no aconselhamento pastoral quanto na direção espiritual. Prestar atenção não significa, de nenhuma maneira, psicologismo, isso é, grandes anseios que muitas vezes temos de querer olhar o que acontece na vida dos outros; a isto chamamos de curiosidade mórbida, diferentemente de dar atenção aos outros. Prestar atenção nos coloca diante de quem precisa de ajuda em uma posição mais adequada, para poder sentir a ajuda à pessoa. A essa habilidade inclui-se a preparação para a atenção, além de prestar a devida atenção, observá-la e escutá-la.

Assim, a pergunta que devemos fazer aqui é: será que prestamos, de fato, atenção? Isto é: será que sabemos observar, ou nossas observações são pautadas em outros interesses? Para os que vivem em comunidades religiosas ou seminários, essa realidade é traduzida pelos superiores? Ou ainda, os colegas que nos observam, porém, quando saímos desta realidade temos as câmeras que nos observam? Contudo, isso não significa que estamos tendo a atenção de alguém. A proposta aqui não é olhar para alguém como se fossemos câmeras, mas apresentar uma capacidade que inclui envolvimento verdadeiro, entrelaçando quem ajuda e quem recebe a ajuda.

9.1. Preparar para a atenção

De maneira particular, o que é atenção? O que significa o adjetivo "atencioso"? A habilidade da atenção é se focar na pessoa; poderíamos dizer ainda que prestar atenção significa gostar de gente, mesmo sabendo que essas pessoas trazem em si grandes dificuldades, que muitas vezes são expressas na maldade.

Preparar-se para a atenção é a primeira tarefa para quem quer prestar atenção. Hoje, nossa sociedade carece de atenção; filhos carecem da atenção dos pais e tantas outras realidades. Pois bem, preparar-se para a atenção é a condição *sine qua non* para todo o processo de ajuda e de relacionamento[1]. Porém a regra essencial é não tratar como se fôssemos resolver o problema dos outros, mas, se de antemão soubermos dar atenção a quem procura, já vamos realizar um grande serviço. Jesus é o exemplo perfeito de atenção dada: mesmo quando as pessoas não conseguiam falar com Ele, elas saíam certas de que foram atendidas, como, por exemplo: a mulher hemorrágica que apenas tocou a orla de seu manto e foi curada (cf. Mt 9,20).

[1] CARKHUFF, Robert. *L'arte di aiutare*. Gardolo: Erickson, 2006, p. 65.

Em outras palavras, preparar-se para a atenção é preparar-se para escutar. A escuta, como já falamos anteriormente, é um processo essencial para a arte do aconselhamento pastoral. Não é, porém, a condição única que nos fará chegar ao objetivo desejado, mas é a condição indispensável para esse serviço. Preparar-se para a atenção significa preparar as pessoas, contatá-las e informá-las, é a preparação do contexto, como já afirmamos no capítulo anterior (PAE), ainda é preparar-se para uma realidade que será como que testemunha do que vai acontecer naquele processo de tempo, isto é, o próprio processo de escuta[2]. Assim, preparar-se para a atenção é um elemento essencial no processo de ajuda interpessoal, bem como é essencial em toda a vida sacramental da Igreja, na própria vivência pastoral.

9.2. Prestar atenção na pessoa

O segundo elemento na arte da ajuda é prestar atenção na pessoa e em seu real estado. Para tanto, é preciso que, em primeiro lugar, estejamos de frente para a pessoa, a fim de que nosso olhar seja um olhar que não a intimide ou desnude, mas que acolhe e dá atenção[3].

Assim, prestar atenção na pessoa é, antes de tudo, ter um contato visual com ela, é olhar a pessoa nos olhos. Vale insistir que prestar atenção não é ter uma curiosidade mórbida, muito menos fazer psicologismo, crendo que um movimento x ou uma abertura de perna y diga respeito a esta ou àquela situação[4] .

[2] Ibid, p. 65.
[3] Ibid, p. 69.
[4] Ibid, p. 71.

9.3. Observação

O terceiro elemento necessário é a observação. A esta podemos dar o adjetivo de filha do prestar atenção. É importante ver, afinal, enquanto se observa, que coletamos informações não verbais; a este elemento vem acompanhada a capacidade de sentir os sentimentos dos outros[5].

É importante perceber, também, que comunicamos a atenção por todas as formas e expressões. Por isso, observar significa olhar para nosso movimento atencional[6]. Observar os outros significa, antes de tudo, observar a si mesmo, para que o aconselhador ou o diretor espiritual não se torne apenas um observador da vida dos outros, juiz da vida dos outros, médico da vida dos outros, e nunca observador, juiz e médico de sua própria vida. Assim, essa função requer exigência no autocontrole e autoconhecimento, para não projetar nos outros aquilo que o ajudador tem dentro de si. Quantas vezes o limite dos acompanhamentos pastorais ou do desenvolvimento da ação pastoral se dá no querer apenas olhar para fora?

9.4. Escutar

A arte da ajuda pressupõe escutar. Como já tratamos, escutar significa burilar a capacidade auricular: escutamos bem quando nos preparamos para a atenção, quando prestamos atenção e quando observamos. Essa habilidade pressupõe que falemos com o ouvido e escutemos com a boca. Para isso é importante focar não apenas nas palavras, mas no tom da voz, bem como na forma em que a pessoa se apresenta.

---

[5] Ibid, p. 74.

[6] Ibid, p. 75.

Em um primeiro momento, é importante que o ajudador suspenda seu julgamento pessoal enquanto está escutando, sem formar nenhuma opinião antes de escutar tudo o que a pessoa tem a dizer. Em outras palavras, o ajudador precisa escutar de maneira isenta, ou seja, escutar com os lábios e falar com os ouvidos[7].

Depois de se concentrar na pessoa, aquele que ajuda não deve deixar-se distrair, uma vez que aquele momento é dedicado todo àquela pessoa: é preciso se concentrar nas experiências internas e nos comportamentos externos, com o intuito de buscar uma resposta ao conteúdo apresentado.

Para ater-se a esse conteúdo, é preciso que se tenha a capacidade de lembrar aquilo que a pessoa disse ao pedir ajuda, isto é, a capacidade de fixação da memória. Isso é necessário, pois a relação que se cria nesse processo de ajuda não é uma relação epidérmica, mas trata de pessoas que querem ser ajudadas e não sentem medo de se desnudar diante do outro[8]. É preciso, pois, focar no conteúdo arrancando as arestas, identificando os verdadeiros temas e problemas apresentados pelas pessoas.

Sendo assim, na habilidade de ajuda, escutar é uma forma importante e muito exigente de ajuda. Requer muita concentração, pois significa sentir a pessoa em todas as suas dimensões e realidades.

9.5. Resposta

Aqui acontece o segundo momento do processo de ajuda que, segundo Robert Carkuff[9], compreende os atos de responder e facilitar a exploração.

7 Ibid, p. 79.

8 Ibid, p. 84.

9 Ibid, p. 91.

Responder está mais relacionado àquele que está ajudando, uma vez que é nesta parte do processo de ajuda que se encontrará uma resposta para quem a pergunta. Assim, responder vem como resultado das dimensões da ajuda. Na verdade, responder é um efeito colateral de prestar atenção, observar e escutar as pessoas. Responder significa entrar no quadro de referência das pessoas e comunicar o que estamos sentindo.

Essa habilidade de resposta pode ser experimentada em três grandes subdimensões: responder ao conteúdo, resposta ao sentimento e resposta ao significado. Responder significa, ainda, colocar luz onde há trevas: é o momento de esclarecer as emoções e os sentimentos, para que se explore melhor a situação[10].

À resposta de conteúdo podemos atribuir o ato daquele que ajuda para com este que pede ajuda, ou seja, sua resposta ao que fora apresentado, afirmando que aquele compreendeu sua situação[11]. Com isso, atinge-se a experiência das pessoas, ou seja, o que há de concreto em sua vida. Nessa habilidade de resposta de conteúdo, tudo que é experiência da pessoa é valorizado, tudo que a pessoa diz é importante.

A resposta ao sentimento inclui a capacidade de empatia do ajudador, ou seja, a capacidade de compreender as experiências e os sentimentos que as pessoas expressam. Porém, para responder verdadeiramente ao sentimento das pessoas, é necessário dar uma resposta que seja intercambiável com os sentimentos expressos, isto é, uma resposta em que a pessoa que ajuda seja capaz de traduzir a essência dos sentimentos em uma ou mais

[10] Ibid, p. 93.

[11] Ibid, p. 93.

palavras emocionais[12]. Vale lembrar que sentimento é o potencial energético de cada pessoa. Assim, quando se responde ao sentimento, toca-se nas experiências, isto é, na fonte de energia da pessoa.

Para tanto, o ajudador deve estar atento às diferentes formas de sentir (alegria, tristeza, raiva, angústia, solidão), e tentar responder mostrando a compreensão de quem o ajuda.

A terceira subdimensão da habilidade de resposta é a resposta ao significado[13]. Com ela, a resposta que o ajudador propõe à pessoa é enriquecida pela recombinação de sentimento e de conteúdo, ou seja, essa resposta une conteúdo (todos os fatos que a pessoa apresenta) e sentimento (a interpretação ou como sinto o conteúdo apresentado). É uma resposta capaz de captar tanto o sentimento quanto o conteúdo expresso por quem buscou a ajuda[14].

Finalmente, quando as pessoas adquirem habilidade de fazer uma verdadeira exploração de si mesmas, ao ponto de tornarem-se capazes de encontrar a raiz de seus problemas e de seus sentimentos, podemos afirmar que esta pessoa chegou ao processo essencial do seu *self*, isto é, a autocompreensão.

[12] Ibid, p. 96.
[13] Ibid, p. 105.
[14] Ibid, p. 106.

10

A ORIENTAÇÃO QUE DAMOS ÀS PESSOAS

A princípio, podemos chegar à conclusão de que não necessariamente o aconselhamento pastoral chegará a uma orientação, porém, como falamos no tópico anterior, a resposta de conteúdo ajudará a pessoa a se encontrar com seu *self*, ou seja, autocompreender-se.

Orientar é, antes de tudo, uma habilidade opcional: o aconselhamento pastoral pode culminar ou não em uma orientação. Assim, como todo processo de ajuda, nem sempre as mudanças ocorrerão exclusivamente direcionadas pela orientação do ajudador. Isso quer dizer que depois de ter explorado todas as situações, depois do ajudador ter entendido aquilo que fora exposto, o ajudado, muitas vezes, elaborará sozinho sua resposta: "devo partir por esse caminho"; "conhecedor de minha situação, devo partir por aqui". Por isso é de suma importância que os processos sejam bem obedecidos, para que nesta fase de ação a mudança brote espontaneamente, sem que, para tanto, seja necessário a interferência ou a orientação do ajudador.

De maneira precisa, todo processo de ajuda pode ou não desembocar em uma orientação. Neste sentido, o papel do ajudador ao orientar o ajudado é apenas de facilitar decisão do ajudado, ou ainda de ajudá-lo a elaborar um projeto de ação, mas nunca decidir por ele. A orientação à pessoa pressupõe, sobretudo, que o ajudador não decida pelo ajudado, mas de forma a deixar claro que cada pessoa tem a maior autoridade em sua própria vida: o ajudado tem o direito de decidir o que é melhor para si, mesmo que sua decisão não seja a melhor de acordo com a visão do ajudador. Aqui, o ajudador pode, no máximo, expressar seu sentimento diante da decisão que o ajudado tomará: "fico preocupado quando você decide por esta realidade"; "preocupa-me quando você decide adiar esta resolução"; "sinto-me pesaroso por você ter decidido seguir este caminho".

Vale a pena ressaltar que é importante que o ajudador expresse seus sentimentos positivos diante da decisão tomada pelo ajudado: "fico alegre por você ter ouvido seu coração e tomado esta decisão"; "sinto-me tão aliviado por você ter tomado uma decisão".

Para orientar alguém é necessário, antes de tudo, fornecer ao ajudado os dados necessários à obtenção dos objetivos que ele mesmo escolheu. Por isso orientar é um processo que pode ou não acontecer no caminho do aconselhamento pastoral, tendo em mente que o aconselhamento pastoral é uma ação centrada na pessoa[1], ou seja, é um processo de ajuda centrado não nas estruturas e no que a pessoa diz, mas na pessoa em si.

10.1. O processo de ajuda tem um fim?

A resposta para esta pergunta é dúbia, pois pode ser tanto sim como não. O processo de ajuda tem um fim para a relação de ajuda, formalmente, ou seja, se estabelecemos que "em três ou quatro encontros resolvemos aquela situação".

Tem um fim quando o ajudado se transforma em ajudador, isto é, quando ele é capaz de fazer consigo mesmo e com os outros o que o ajudador fez com ele durante todo o tempo de ajuda, eis a beleza do aconselhamento pastoral. Aqui o ajudado sabe acolher, ajudar-se, atender-se e observar-se; é capaz de observar seus próprios sentimentos e saber qual sua parcela de responsabilidade em cada situação e, assim, agir para mudá-la.

Quando respondemos não, o processo de ajuda não tem um fim, estamos afirmando um não para a relação de ajuda que a pessoa estabelece consigo mesma e com os outros a partir do modelo que lhe é oferecido pelo ajudador. No processo de ajuda afetiva direta, as habilidades de ajuda são de tal modo assimiladas ao ponto de a pessoa tornar aquilo que lhe foi colocado em um estilo de vida, não esquecendo jamais disso.

[1] SZENTMÁRTONI, Mihály. *Caminhar juntos: Psicologia pastoral.* São Paulo: Loyola, 2006, p. 30.

CONSIDERAÇÕES FINAIS

Iniciamos este livro com a proposta de estudar a prática da direção espiritual e as técnicas do aconselhamento pastoral a fim de resgatar uma práxis tão antiga e tão essencial, ou seja, a práxis da orientação espiritual e pastoral. Para tanto, trilhou-se um caminho de percepção que visa a um elemento essencial: que é a ajuda pastoral, afirmando, dessa forma, que a direção espiritual diz respeito à vivência pastoral. Sendo assim, direção espiritual é uma forma de ajuda pastoral.

Além de oferecer uma rica coleção de informações, este livro se pautou em transmitir uma atitude pastoral que pode ser sintetizada do seguinte modo: ir além das aparências e enxergar a riqueza interior da pessoa humana. De forma resumida: dar total atenção para cada indivíduo. Esta atitude é plenamente evangélica, conforme afirma o Concílio Vaticano II:

> Sobretudo em nossos dias, urge a obrigação de nos tornarmos o próximo de todo e qualquer homem, e de o servir efetivamente quando vem ao nosso encontro - quer seja o ancião, abandonado de todos, ou o operário estrangeiro injustamente desprezado, ou o exilado, ou o filho duma união ilegítima que sofre injustamente por causa dum pecado que não cometeu, ou o indigente que interpela a nossa consciência, recordando a palavra do Senhor: "todas

> as vezes que o fizestes a um destes meus irmãos mais pequeninos, a mim o fizestes" (GS, n. 27; cf. Mt. 25,40).

Ou seja, todos nós precisamos de alguém que nos ajude a meditar sobre nossa história de fé e nos ajude a ver os caminhos futuros a fim de que sejamos fiéis aos compromissos batismais, à santidade.

Na trajetória percorrida por este estudo, pudemos perceber algumas convergências entre a direção espiritual e o aconselhamento pastoral, principalmente no que diz respeito a seu objeto, o homem: definição e objetivos da direção e do aconselhamento, relação conselheiro-aconselhado, diretor e dirigido, condução do atendimento, funções e atitudes esperadas do conselheiro etc.

Por fim, direção espiritual e aconselhamento pastoral são dois grandes instrumentos válidos do caminhar pastoral da Igreja, sobretudo no tempo hodierno, tenha em mente que muitas pessoas procuram a Igreja nos momentos difíceis. Por isso "a comunidade cristã precisa acolhê-las com carinho. Para oferecer acolhida e aconselhamento, a comunidade deverá também preparar pessoas leigas e consagradas que tenham o dom de escutar, para acolher aqueles que a procuram. O aconselhamento pastoral a ser dado por pessoas habilitadas é uma urgência nas paróquias" (CNBB, Comunidade de comunidades, n. 264).

Portanto, "a Igreja deverá iniciar seus membros – sacerdotes, religiosos e leigos – nesta "arte do acompanhamento", para que todos aprendam a descalçar sempre as sandálias diante da terra sagrada do outro (cf. Ex 3,5)" (EG, n. 169). Insisto, enquanto não concebermos a direção espiritual como um elemento pastoral, seu exercício ficará sempre aquém.

REFERÊNCIAS BIBLIOGRÁFICAS

A nuvem do Não Saber. São Paulo: Paulus, 2008.

ANCILLI, Ermanno. *Dicionário de espiritualidade.* Vol. 1. São Paulo: Paulinas, 2012.

ATANÁSIO, Santo. *Vida de Santo Antão.* 1ª Ed. São Paulo: Santa Cruz, 2019.

BERNARD, Charles André. *Teologia spirituale.* Milano: San Paolo, 2002.

Bernardo de Claraval, Santo. Sermão sobre o conhecimento e a ignorância. Disponível em: HTTP://agoraclassa.fltr.ucl.ac.be/concordances/bernard_ser_canti_46/texte.htmacesso 20-08-2020.

BÍBLIA – *Bíblia de Jerusalém.* São Paulo: Paulus, 2015.

BLOCH, Marc. *Apologia da História ou o ofício de historiador.* Rio de Janeiro: Zahar, 2002.

BOUYER, Louis. *Storia della spiritualitá: I Padri.* Bologna: EDB, 2013.

BUBBER, Martin. *O caminho do Homem. Segundo Ensinamento Chassídico.* São Paulo: É realizações, 2011.

BUSTILLO, François-Xavier Bustillo. *A vocação do padre perante as crises. Fidelidade criativa.* Coleção: Hodie-10, 2022.

CARKHUFF, Robert. *L'arte di aiutare.* Gardolo: Erickson, 2006.

CENCINI, Amedeo. *I sentimenti Del Figlio: Il cammino formativo nella vocazione presbiterale e consacrata.* Bologna: EDB, 2005.
COSTA, Maurizio. *Tra identità e formazione: la spiritualità sacerdotale.* Roma: Edizioni ADP, 2003.
DECAMINADA, Franco. *Maturità affettiva e psicosessuale nella scelta cocazionale: uma prospettiva psicológica.* Saronno: Monti, 1995.
DESCARTES, Rene. *Discurso do método.* Trad.: Ciro Miozana. São Paulo, Escala, 2004. *Dizionario di Pastorale Vocazionale.* Roma: Editrice Rogate, 2002.
DOROTEU DE GAZA, Santo. *Ensinamentos espirituais de Doroteu de Gaza.* Juiz de Fora: Mosteiro de Santa Cruz, 2003.
FILORAMO, Giovanni. *Storia della direzione spirituale: L'età antica.* Brescia: Morcelliana, 2006.
FRANKL, Viktor. *Psicoterapia e sentido da Vida.* São Paulo: Quadrante, 2008.
GERA, Lucio. *La religione Del popolo. Chiesa, teologia e liberazione in America Latina.* Bologna: EDB, 2006.
GUTIÉRREZ, Gustavo. *O Deus da vida.* São Paulo: Loyola, 1990.
ILARDUIA, Juan Mari. *Il progetto personale: ricerca di autenticità.* Bologna: EDB, 2003.
LADARIA, Luis F. *Introdução à antropologia teológica.* São Paulo: Loyola, 1998. MENDONÇA, José Tolentino. *O tesouro escondido. Para uma busca interior.* São Paulo: Paulinas, 2012.
MERTON, Thomas. *Ascensão para a verdade.* Belo Horizonte: Editora Itatiaia LTDA, 1999.
MICCOLI, Giovanni. *Francisco: o santo de Assis na origem dos movimentos franciscanos.* São Paulo: Martins Fontes, 2015.

MICHAELIS. *Minidicionário Escolar da Língua Portuguesa.* São Paulo: Melhoramentos, 2000.

MIRANDA, Tomás Rodrigues. A direção *espiritual: pastoral do acompanhamento espiritual.* São Paulo: Paulus, 2009.

NOUWEN, Henri. *O esvaziamento de Cristo.* São Paulo: Paulinas, 2008.

RATZINGER, Joseph. *Introdução ao Cristianismo.* São Paulo: Loyola, 2005.

RAVASI, Gianfranco. *Che cos'è l'uomo? Sentimenti e legami umani nella bibbia.* Milano: San Paolo, 2011.

RUPNIK, Marko Ivan. *O discernimento.* São Paulo: Paulinas, 2004.

_____, Marko Ivan. *Procuro meus irmãos. Lectio divina sobre José do Egito.* São Paulo: Paulinas, 2005.

SANTOS, Manuel Augusto dos Santos. *Curso sobre direção espiritual. Elementos para aconselhamento pastoral e acompanhamento espiritual.* São Paulo: Cultor de livros, 2019.

SCIANDINI, Frei Patrício. *A pedagogia da Direção Espiritual.* São Paulo: Loyola, 2006. SZENTMÁRTONI, Mihály. *Caminhar juntos: Psicologia pastoral.* São Paulo: Loyola, 2006.

TUTAS, Maria Rodica. *Meditação Cristã: um caminho de sabedoria.* Belém do Pará, 2012.

VERNETTE, Jean. *Il XXI secolo o sara mistico o non sara.* Roma: OCD, 2005.

DOCUMENTOS:

CATECISMO DA IGREJA CATÓLICA. São Paulo: Loyola/ Vozes, 1993.

CONGREGAÇÃO PARA O CLERO. *Sacerdote ministro da misericórdia divina.* Brasília: Edições CNBB, 2011.

CONGREGAÇÃO PARA O CULTO DIVINO E A DISCIPLINA DOS SACRAMENTOS. *Diretório Homilético.* Brasília: Edições CNBB, 2015. CONSTITUIÇÃO PASTORAL *GAUDIUM ET SPES.* Documentos do Concílio Ecumênico Vaticano II. São Paulo: Paulinas, 2014.

DECRETO CONCILIAR *GRAVISSIMUM EDUCATIONIS.* Documentos do Concílio Vaticano II. Petrópolis: Vozes, 1996.

DECRETO CONCILIAR *PERFECTAE CARITATIS.* Documentos do Concílio Ecumênico Vaticano II. São Paulo: Paulus, 1996.

DECRETO CONCILIAR *PRESBYTERORUM ORDINIS.* Documentos do Concílio Ecumênico Vaticano II. São Paulo: Paulus, 1997.

DOCUMENTO DE APARECIDA. *Texto conclusivo da V Conferência Geral do Episcopado Latino-Americano e do Caribe.* Brasília: Edições CNBB, 2008.

FRANCISCO, Papa. *Carta apostólica às pessoas consagradas: para a proclamação do ano da vida consagrada.* São Paulo: Paulus, 2014.

FRANCISCO, Papa. Exortação apostólica *Gaudete et exsultate*: sobre o chamado à santidade no mundo atual. Brasília: Edições CNBB, 2018.

JOÃO PAULO II, Santo. Carta apostólica *Novo millennio ineunte*. São Paulo: Paulinas, 2001.

Este livro foi composto com as famílias tipográficas Times New Roman, Trajan Pro e Tw Cen MT e impresso em papel Off set 70/gm² pela **Gráfica Santuário.**